MARCO POLO

W0064476

VIET NAM

Nördlicher Wendekreis

CHINA

Hanoi ○   Hongkong ○

LAOS

MYANMAR
(BIRMA)

Südchinesisches

THAI-
LAND

Meer

VIETNAM

Bangkok ○

KAM-
BODSCHA

Ho-Chi-Minh-Stadt
(Saigon)

MALAYSIA

MARCO POLO KOAUTORIN
Martina Miethig
Oft hat sie das Land verflucht: etwa als ihr im Cyclo in Sai-
gon die Brille von der Nase geklaut wurde oder als in Hue
eine Fledermaus in der Kloschüssel saß. Die ausgebildete
Journalistin und Asienspezialistin hat dennoch Land und
Leute schätzen gelernt. Seit 1994 reist sie nach Vietnam.
Von ihr stammen Reiseführer und Bildbände sowie Repor-
tagen für Radio und Magazine *(www.GeckoStories.com)*.

REIN INS ERLEBEN

Mit dem digitalen Service von MARCO POLO sind Sie noch unbeschwerter unterwegs: Auf den Erlebnistouren zielsicher von A nach B navigieren oder aktuelle Infos abrufen – das und mehr ist nur noch einen Fingertipp entfernt.

Hier geht's lang zu den digitalen Extras:

http://go.marcopolo.de/vie

Touren-App

Ganz einfach orientieren und jederzeit wissen, wo genau Sie gerade sind: Die praktische App zu den Erlebnistouren sorgt dank Offline-Karte und Navigation dafür, dass Sie immer auf dem richtigen Weg sind. Außerdem zeigen Nummern alle empfohlenen Aktivitäten, Genuss-, Kultur- und Shoppingtipps entlang der Tour an.

HTTP://GO.MARCOPOLO.DE/VIE

Update-Service

Immer auf dem neuesten Stand in Ihrer Destination sein: Der Online-Update-Service bietet Ihnen nicht nur aktuelle Tipps und Termine, sondern auch Änderungen von Öffnungszeiten, Preisen oder anderen Angaben zu den Reiseführerinhalten. Einfach als PDF ausdrucken oder für Smartphone, Tablet oder E-Reader herunterladen.

SYMBOLE

INSIDER TIPP ▶ Insider-Tipp

★ Highlight

🟢🔵🟠🔴 Best of ...

☀ Schöne Aussicht

🌱 Grün & fair: für ökologische oder faire Aspekte

(*) kostenpflichtige Telefonnummer

PREISKATEGORIEN HOTELS

€€€ über 100 Euro

€€ 40–100 Euro

€ bis 40 Euro

Die angegebenen Preise sind Mindestpreise im jeweiligen Haus für ein Doppelzimmer pro Nacht

PREISKATEGORIEN RESTAURANTS

€€€ über 10 Euro

€€ 5–10 Euro

€ bis 5 Euro

Die angegebenen Preise gelten für eine Mahlzeit pro Person, ohne Getränke

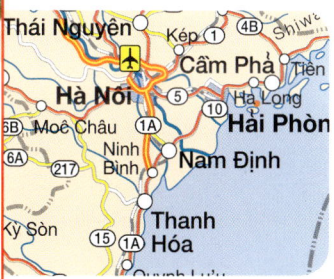

GUT ZU WISSEN
Geschichtstabelle → S. 14
Spezialitäten → S. 28
Bücher & Filme → S. 52
Feiertage → S. 121
Währungsrechner → S. 125
Was kostet wie viel? → S. 126
Wetter → S. 128

KARTEN IM BAND
(136 A1) Seitenzahlen und
Koordinaten verweisen auf
den Reiseatlas
(0) Ort/Adresse liegt außer-
halb des Kartenausschnitts
Es sind auch die Objekte mit
Koordinaten versehen, die
nicht im Reiseatlas stehen
(U A1) Koordinaten für den
Cityplan Saigon im hinteren
Umschlag. Karte Hue S. 71,
Karte Saigon/Cho Lon S. 93,
Cityplan Hanoi S. 142/143

(⌖ A–B 2–3) verweist auf
die herausnehmbare Falt-
karte
(⌖ a–b 2–3) verweist auf
die Zusatzkarte auf der Faltkarte

UMSCHLAG VORN:
Die wichtigsten Highlights

UMSCHLAG HINTEN:
Cityplan Saigon

Die besten MARCO POLO Insider-Tipps

Von allen Insider-Tipps finden Sie hier die 15 besten

INSIDER TIPP **Schwarz-Weiß-Perspektive**
Long Thanh ist einer der besten Fotografen in Vietnam – wunderschöne Motive kann man in seiner *Galerie in Nha Trang* erwerben → S. 30

INSIDER TIPP **Vietnamesisch wohnen**
Ein Schmuckstück ist die im traditionellen Stil errichtete *Viethouse Lodge*. Ha-Long-Panorama inklusive! → S. 38

INSIDER TIPP **Kaffeegeschichte**
Das *Trung Nguyen Coffee Museum* in Buon Ma Thuot zeigt eine Fülle von Exponaten zur internationalen Kaffeehauskultur. Frischen Kaffee gibt's hier auch → S. 56

INSIDER TIPP **Schicke Herberge**
Das stylishe Mini-Boutiquehotel *Green Mango* ist eine Oase in der zuweilen chaotischen Altstadt Hanois. Und das mit ausgezeichneter Asian-Nouvelle-Kost: klassische vietnamesische Küche mit kulinarischen Fusion-Überraschungen → S. 47

INSIDER TIPP **Kaufrausch**
Fehlt noch ein Buddha für die Terrasse zu Hause? Herrlich stöbern lässt es sich im Laden der Gebrüder Nguyen in Saigon: Von Kunsthandwerk bis Kitsch bekommt man bei *Nguyen Frères* alles, was das Touristenherz begehrt → S. 96

INSIDER TIPP **Kaiserlich speisen**
In dem wunderbaren Gartenlokal *Truc Lam Vien* in Da Nang werden vielfältige köstliche Gerichte serviert → S. 62

INSIDER TIPP **Mit Sand gemalt**
So schön! Aus natürlichem Sand in vielen Farben fertigen Künstler in Nha Trang, Phan Thiet oder Saigon dekorative *Sandmalereien* mit Motiven vom Weihnachtsmann bis zum Papstporträt → S. 31

INSIDER TIPP **Kalksteinriesen**
Die *Ha-Long-Bucht* (Foto re.) und die *Lan-Ha-Bucht* bei Cat Ba haben sich zum Kletterparadies Vietnams entwickelt → S. 116

BEST OF ...

SPAREN

● *Frühsport mit Einheimischen*
Mischen Sie sich unter die Frühsportler, die sich allmorgendlich zwischen 5 und 7 Uhr am *Hoan-Kiem-See* in Hanoi zu Aerobics, Federball oder einer Jogginrunde um den See treffen. Dafür müssen Sie kein Tai-Chi-Praktiker sein! (Foto) → **S. 43**

● *Schlangestehen für Ho Chi Minh*
Auch Touristen können dem verehrten Landesvater Respekt erweisen: im *Ho-Chi-Minh-Mausoleum* in Hanoi. Nach dem Anstehen zwischen aus dem ganzen Land angereisten Vietnamesen schreitet man ehrfürchtig am Glassarkophag vorbei → **S. 43**

● *Zu Gast beim Jadekaiser*
Ganz kostenlos ist der Eintritt in die weihrauchverhangene Welt der Daoisten und ihres Herrschers in der Saigoner Pagode *Chua Ngoc Hoang* – für Nichteingeweihte das reinste Tohuwabohu aus Volkshelden, Göttern und Dämonen → **S. 92**

● *Militärisch korrekt: das „alte" Vietnam erleben*
Um Punkt 21 Uhr wird mit großem militärischem Pomp auf dem *Ba-Dinh-Platz* in Hanoi die Flagge eingeholt – im heutigen Turbokapitalismus ein fast melancholisch anmutender Ausflug ins „alte" still- und strammstehende Vietnam, ganz ohne Museumsticket! → **S. 43**

● *Hoch über Saigon*
Anstatt das Eintrittsgeld für die Aussichtsplattform im 49. Stock des *Bitexco Financial Tower* in Saigon auszugeben, können Sie auch den Fahrstuhl vom Einkaufszentrum ins Café im 50. Stock nehmen, einen Cappuccino genießen und dann eine Treppe runtergehen → **S. 91**

● *Kunterbunte Tempel*
Ein Besuch des Haupttempels der Cao Dai in Tay Ninh kostet natürlich Geld. Ganz gratis hingegen können Sie den *Cao-Dai-Tempel* in Da Nang besichtigen und beim Gottesdienst dabei sein – mäuschenstill, versteht sich → **S. 61**

●●●● Diese Punkte zeichnen in den folgenden Kapiteln die Best-of-Hinweise aus

● Auf den Spuren von Konfuzius

Der Literaturtempel *Van Mieu* in Hanoi ist ein Inbegriff konfuzianischer Architektur und wurde vor fast 1000 Jahren zu Ehren des weisen Meisters errichtet – ein imposantes Bauwerk und ein Muss für jeden Vietnambesucher → S. 43

● Shake the Wok!

Hoi An ohne *Kochkurs* ist wie eine Vietnamreise ohne Reisstrohhut als Souvenir! Und wo sonst könnten Sie besser lernen, Frühlingsrollen oder Hot Pot richtig zuzubereiten? Sinnliche Eindrücke auf dem Markt und am Herd bietet beispielsweise das Brother's Café → S. 67

● Amphibischer Trubel auf dem Mekong

Barken voller Kokosnüsse und Reis, Sampans mit aufgemalten wachsamen Augen am Bug: Alles fließt, gleitet und tuckert im Mekongdelta – etwa auf dem *Cai Rang Floating Market* bei Can Tho. Wo sollen Sie nur zuerst hinschauen? → S. 78

● Cyclo-Abenteuer

Bei einer *Tour mit dem Cyclo* kann einem zwar angst und bange werden, wenn der Fahrer geradewegs in das Knäuel auf der verstopften Kreuzung hineinradelt – doch wie von Geisterhand öffnet sich immer eine Schneise in der Blechlawine → S. 90

● Speisen wie beim alten Kaiser

Im feinen Restaurant *Ancient Hue* genießen Sie in stilvoller Kulisse das neungängige *Royal Dinner* mit zig unterschiedlichen Geschmacksrichtungen – wie einst die alten Kaiser → S. 72

● David gegen Goliath

Auf Ihrer Vietnamreise sollten Sie es nicht versäumen, einmal durch die *Cu-Chi-Tunnel,* die unterirdischen Vietcong-Anlagen bei Saigon, zu krabbeln. Erst nach diesem Erlebnis werden Sie verstehen, wie der kleine, aber zähe David den riesigen Goliath mit all seinem Napalm besiegen konnte (Foto) → S. 100

● Blick in die Zukunft

Vietnamesen lassen sich gern weissagen. Wagen auch Sie einen *Blick in die Zukunft:* bei den Bergstämmen in Cao Bang oder Sa Pa → S. 36

TYPISCH

BEST OF ...

REGEN

● *Alle Völker Vietnams auf einen Blick*

Das *Ethnologische Museum* in Hanoi vermittelt einen lebhaften Einblick in die Alltagskulturen der vielen verschiedenen Völker in Vietnam. Sie dürfen sogar die typischen, auf Stelzen ruhenden Langhäuser erklimmen (Foto) → S. 42

● *Gerüche, Geräusche und Gewusel*

In der großen *Dong-Xuan-Markthalle* in der Altstadt Hanois kann man shoppen und schlemmen bis gegen Mitternacht: Frischfisch und Süßigkeiten, Lackwaren, T-Shirts und: Karaokeanlagen! → S. 46

● *Art-déco-Schmuckstück*

Der *Dinh 3,* der Sommerpalast des letzten vietnamesischen Kaisers Bao Dai in Da Lat, lohnt einen Besuch: eine Zeitreise auf knarrenden Dielen durch 26 Räume → S. 58

● *Shiva, Ganesha & Co.*

Eine phantastische Sammlung zur Kultur der hinduistischen Cham, die acht Jahrhunderte lang in Zentral- und Südvietnam siedelten, ist im *Cham-Museum* in Da Nang zu sehen. Angesichts der Skulpturen und zarten Reliefs spürt man förmlich die tiefe Religiosität → S. 61

● *Ho, Ho, Ho Chi Minh*

Etwas steril mit Glasvitrinen, aber trotzdem spannend – auch wegen der vielen Schulklassen und einheimischen Besucher, die sich hier über das Leben und Wirken ihres großen Landesvaters und Revolutionärs informieren: das *Ho-Chi-Minh-Museum* in Saigon → S. 94

● *Kaufrausch in Saigon*

Wem Vietnam zu preiswert erscheint, der kann sich in Saigon dem luxuriösen Shopping hingeben: Das *Vincom Center* lockt mit berühmten Designern und Modemarken aus aller Welt – ausnahmsweise keine Fakes, sondern teure Importware → S. 96

ENTSPANNT ZURÜCKLEHNEN
Durchatmen, genießen und verwöhnen lassen

● **Für Naschkatzen und Leckermäuler**
Wunderbar für eine Auszeit am Nachmittag in Hanoi: das schier endlose *Schokoladenbuffet* des Caférestaurants Le Club im legendären Hotel Sofitel Legend Metropole → **S. 48**

● **Wellnesskur**
Jetlag, Sightseeingstress oder Blasen an den Füßen? Tanken Sie neue Energie: Ob mit sanften Händen oder Hot Stones, warmer Schokolade oder aromatischen Essenzen – nach einer Verwöhnbehandlung im *L'Apothiquaire Day Spa* in Saigon fühlen Sie sich wie neugeboren (Foto) → **S. 97**

● **Chillen am Feuer**
Sind Sie von einem kalten Winterabend in Sa Pa überrascht worden? Wärmen Sie sich an der Feuerstelle in der gemütlichen *Nature Bar & Grill* mit einem Glühwein auf und genießen Sie die deftigen Wildgerichte → **S. 51**

● **Cocktails & Beach**
Die Füße im Sand, eine Frozen Mango Margarita in der Hand – so klingt in der Strandbar des *Sandals Restaurant* ein Tag entspannt aus. Den Rahmen für so viel relaxte Atmosphäre bildet die traumhafte Halbinsel Mui Ne im Süden Vietnams → **S. 86**

● **Literarische Reise in die Kolonialzeit**
Lassen Sie mit einer gemächlichen Zeitreise das hektische Stadtleben Saigons hinter sich und schmökern Sie in Graham Greenes Klassiker „Der stille Amerikaner" – stilecht am Ort des Geschehens: unter Frangipanibäumen im Innenhofcafé des altehrwürdigen *Continental Hotel* → **S. 98**

● **Sich treiben lassen**
Lehnen Sie sich auf dem Sonnendeck zurück und lassen Sie sich in der Wasserwelt des weitverzweigten Mekongdeltas treiben – am besten bei einer *Bootstour* auf einer umgebauten Reisbarke → **S. 127**

AUFTAKT

ENTDECKEN SIE VIETNAM!

„Bonjour madame." Der alte Mönch beugt sich nur mit Mühe herab, wie in Zeitlupe, und zieht dabei die weinrote Wollmütze vom Kahlkopf. In der runzligen Hand hält er eine Visitenkarte mit „Happy New Year"-Aufschrift. Hinter seinem gebeugten Methusalemrücken kommt ein Irokesenschopf zum Vorschein. Der Novize bietet eine *chom chom* an, eine rothaarige Rambutanfrucht. Sonst haben die Besucher hier zu geben, nicht umgekehrt, doch von Ausländern erwartet keiner Opfergaben – die wenigen hetzen meist herein und nach einem Blitzlichtgewitter wieder hinaus, die *Buddhas und Mönche* nehmen es gelassen. Windspiele klimpern im Luftzug durch die heiligen Hallen des Tempels. Aufatmen, endlich ein Ort ohne Mofageknatter und lärmendes Gehupe, ein Ort zum Innehalten, zum Zwiegespräch mit Buddha.

Vietnam ist ein Land auf dem Sprung in die Zukunft: Moos und Patina bedecken *jahrtausendealte Kulturdenkmäler,* doch auf den Straßen in Saigon und Hanoi tobt das moderne Leben, und der Fremde reibt sich verwundert die Augen. Ein Land zwischen Vergangenheit und Aufbruch, jenseits der Klischees aus Vietnamkrieg, Opiumpfeifen und Schlangenschnaps. Artenreiche Nationalparks und *Naturschätze* bezaubern die Reisenden, ob in der spektakulären Ha-Long-Bucht im Norden oder in der amphibi-

Farbenpracht für die Götter: Tempel bei der alten Kaiserstadt Hue

schen Welt des Mekongdeltas im tiefen Süden. Dazwischen warten *3200 km Küste* mit Inseln, Badestränden und Hideaways auf Erkundung. In den Städten bestimmen noch Kolonialbauten und verwitterte Villen in weichen Ockertönen das Bild, schattige Alleen unter Tamarinden und farbenprächtige chinesische Tempel. Doch die moderne Skyline wächst mit jedem Wimpernschlag. Und: Mopeds, *überall Mopeds* – das ist der erste Eindruck von diesem Land. Meist sind es ganze Bienenschwärme, bepackt mit Kartons voll Colaflaschen und „Tiger"-Bier, mit prall gefüllten Einkaufstaschen, mit Hühnerkäfigen, mit zwei, drei Kindern, mit Betelnüsse kauenden Alten, mit Frauen, deren Ao-Dai-Gewänder im Wind flattern und die zum Schutz vor Sonne und Schmutz weiße Handschuhe tragen.

Wie kein anderes Land hat Vietnam in seiner 4000-jährigen Geschichte unter Kriegen und fremden Herrschern gelitten: Chinesen, Franzosen, Japaner und schließ-

lich die US-Amerikaner. Heute kommen sie alle gleichzeitig und in friedlicher Mission. Fast 8 Mio. Besucher pro Jahr – die meisten aus China, Japan und Russland – und die alljährlichen Wachstumsraten geben den Vietnamesen Recht: Das südostasiatische Land boomt, auch als *Reiseland*. Es kann also voll werden, vor allem in der Ha-Long-Bucht und den schönsten Badeorten wie Mui Ne. Den verheerenden Vietnamkrieg haben die meisten der 90 Mio. Vietnamesen längst hinter sich gelassen, denn zwei Drittel aller Einwohner sind unter 35 Jahre alt und kennen das Kriegsgeschehen nur aus Geschichtsbüchern. So können auch die Urlauber den touristischen Kriegspfad und die Vietcong-Tunnel endlich verlassen – Vietnam hat nämlich mehr zu bieten! Hier dürfen Reisende nach Lust und Laune *Entdeckungen* machen: den verwunschenen Tempel um die Ecke, aus dem Räucherwerk duftet, den quirligen Markt mit Obstverkäuferinnen und chinesischen Händlern, die Stoffe und Blechgeschirr anpreisen, den idyllischen Mini-Naturstrand, das chaotische Gewusel auf den manchmal arg lädierten Straßen.

Und dann ist da diese freundlich-schelmische *Neugier* der Menschen: Wo sich ein *tay* bewegt, ein Westler, gibt es stets

> ## Vietnam ist ein Land auf dem Sprung in die Zukunft

etwas zu erleben! Oder zu lachen. Natürlich kann man dem *tay* auch gut etwas verkaufen, was nicht wenige Reisende als aufdringlich empfinden. Wer jedoch nicht auf das Verkaufsanliegen reagiert, bei dem verlieren die *fliegenden Händler* meist schnell das Interesse. Die Kinder probieren ihr Englisch aus und rufen „I love you"

15.–17. Jh. Erste europäische Handelsstützpunkte im Süden

1771–1802 Tay-Son-Aufstand. Hue wird Sitz der Nguyen-Kaiser (bis 1945)

1858 Beginn der französischen Kolonialherrschaft

1954 Teilung Vietnams, im Süden Militärherrschaft

1964 Beginn des Vietnamkriegs, den die Kommunisten 1975 gewinnen

1976 (2. Juli) Gründung der Sozialistischen Republik Vietnam

oder „Hello mister!". In größeren Orten gibt man sich freilich sehr höflich, als Meister im Wahren der Form. *Respekt vor dem anderen,* vor allem vor Älteren, ist eine Tugend, ein konfuzianisches Grundgesetz, gepaart mit Ahnenverehrung und Fleiß.

Von Bedeutung: Fleiß, Respekt vor den Älteren und Ahnenverehrung

Oft leben bis zu drei Generationen in einem einzigen Raum, das können dann bis zu sieben, acht Personen sein. Eine Wohnung, ein Häuschen? Bei den *bescheidenen Löhnen* undenkbar: Eine Fabrikarbeiterin bringt es auf umgerechnet vier bis sechs Euro am Tag, wenn sie bereit ist, bis zu 14 Stunden lang Nudelteig zu rühren, Formen zu pressen oder Schrauben zu sortieren. Der Wohnraum in Saigon ist unbezahlbar geworden, die wenigen freien Grundstücke, Häuser und Wohnungen wechseln für viele Hunderttausend Euro sehr schnell den Besitzer.

Willkommen im Turbokapitalismus! Doi Moi, die 1986 eingeleitete wirtschaftliche *Reformpolitik* der kommunistischen Regierung, hat die Gesellschaft verändert: Profitstreben ist ein neues Wort im vietnamesischen Vokabular. Das jährliche Durchschnittseinkommen liegt bei geschätzten 1400 US-Dollar – die Armut wurde in den vergangenen zwei Jahrzehnten mehr als halbiert, das Stadt-Land-Gefälle ist jedoch weiterhin sehr groß. Während die größte ethnische Minderheit, die Chinesen, vor allem in den südvietnamesischen Städten den Handel beherrschen, leben die meisten der 54 Volksgruppen Vietnams in den Bergen und im zentralen Hochland, viele noch in der Übergangsphase von *uralter Tradition und modernem Leben*. Jede Gruppe trägt ihre eigenen Trachten und pflegt ihre Feste und Riten.

Bezaubernd ist die *landschaftliche Schönheit* Vietnams, das im Süden in die Tropenzone mit feuchten, schwülen Sommern und warmen Wintern hineinragt, im Norden dagegen subtropisch bestimmt ist, also mit heißen Sommern und kühleren, feuchten Wintern. Überwältigend sind die *Ha-Long-Bucht* mit ihren aufragenden Kalkfelsen und dem dunkel schimmernden Wasser und die atemberaubend schroffen „Vietnamesischen Alpen" im Nordwesten, die in kalten Wintern sogar von Schnee bedeckt sind. Die alte *Kaiserstadt Hue* am Parfümfluss beeindruckt mit ihrer „Halle der höchsten Harmonie" im alten Palast und den Kaisergräbern. Bei Phan Thiet knirscht der weiche Sand am Mui-Ne-Strand unter den Füßen, Saigon wirkt wie frisch aufpoliert

2000
Handelsvertrag mit den USA. US-Präsident Bill Clinton besucht Vietnam. Schwere Überschwemmungen im Mekongdelta

2005
Eröffnung des 6,3 km langen Hai-Van-Tunnels zwischen Da Nang und Hue

2007
Vietnam wird Mitglied der Welthandelsorganisation WTO

2008/2009
Nach dem Wirtschaftswunder (seit 1991) trifft die Weltwirtschaftskrise auch Vietnam: Inflation, Einbruch des Immobilien- und Aktienmarkts, Abwertung des Dong

Vietnams tägliches Brot: Bäuerinnen bei der Reisernte

mit seinen renovierten Kolonialbauten, und im *Mekongdelta* wird der scheppernde Klang der Longtailboote zur allgegenwärtigen Geräuschkulisse.

Garniert wird das Erlebnis mit Köstlichkeiten der *vietnamesischen Küche* und einem oft erstaunlich perfekten Urlaubsprogramm aus Baden, Tauchen, Surfen, Segeln oder Wandern durch einen der rund 25 Nationalparks des Landes. Ob Sie, kopfüber von den Felsen hängend, in der Ha-Long-Bucht das Rockclimbing ausprobieren oder im Saigoner Morgengrauen das zeitlupenhafte Tai-Chi, ob Sie sich im Weihrauchnebel einer Pagode verirren oder mit dem Rad im chaotischen Verkehrsgetümmel Hanois: Irgendwann kommen Sie den Vietnamesen, ihren geheimnisvollen Drachen und Geistern näher. Keine Frage – eine Vietnamreise ist ein *Abenteuer für alle Sinne*.

Köstliche Küche und Freizeitabenteuer

2010 Hanoi wird 1000 Jahre alt. Der deutsch-vietnamesische Handel wächst um 30 Prozent, Deutschland wird größter EU-Handelspartner Vietnams

2011 Bundeskanzlerin Angela Merkel ist erstmals zu Besuch in Vietnam

2014 Bei antichinesischen Krawallen werden mehrere Chinesen schwer verletzt, zwei sterben. Der seit Jahrzehnten schwelende Streit zwischen Vietnam und China um die Spratly- und Paracel-Inseln (Erdöl- und Erdgasvorkommen, strategisch wichtige Lage) droht erneut zu eskalieren

IM TREND

① Besser essen

Hanoi mit Herz In Hanois Ausbildungsrestaurants werden aus benachteiligten Teenagern Köche, Restaurantleiter oder Kellner. Wer diese gute Idee unterstützen will, speist bei *Song Thu (34 Chau Long)* – es schmeckt dort ausgezeichnet. Das gleiche Konzept hat das Non-Profit-Restaurant *Koto (59 Van Mieu)*. Hier gibt es zudem Kochkurse für Urlauber. *Baguette & Chocolat (im Ethnologischen Museum, Hoa Sua Training Restaurant | Nguyen Van Huyen)* bildet Jugendliche in mehreren Filialen aus.

Reiches Erbe ②

Mode Minh Hanh *(161a Hai Ba Trung | Saigon | www.mhminhhanh.com) (Foto)* haucht der Traditionskleidung mit Seide und Stickereien neues Leben ein, *Ipa Nima (71 Pasteur | Saigon | www.ipa-nima.com)* verziert Handtaschen mit Perlmutt und Co., und die Jungdesigner von *Konheo (32 Dinh Tien Hoang | Saigon)* toben sich an verspielten Shirts aus. Kurz: Die Modeszene Vietnams ist bunt und brodelt. Up to date bleibt man dank der *Dep Fashion Show (www.depfashion.com)*.

③ Ab aufs Moped

Zweiradshow Nach Sonnenuntergang, vor allem freitags und samstags, bricht in Saigon das *chay vong vong* auf zwei Rädern aus: ein zielloses Sehen und Gesehenwerden in einer Armada aus blitzblanken Mofas und Motorrollern, mit Zickzackmanövern und viel Gehupe *(Foto)*. Seit Kurzem holen junge Fahrerinnen in traditioneller Ao-Dai-Kleidung auch Touristen zum Mitfahren ab, sogar mit „Bodyguards" und Unfallversicherung. Das ist neu und der letzte Schrei. Ab geht's ins Getümmel, z. B. bei der *Foodie Tour* mit *XO Tours (www.xotours.vn)*.

Independent Art

Unabhängig In der Kunstszene ist einiges los. Immer mehr Mini-
galerien eröffnen, um auch nicht etablierten Künstlern eine Chance
auf dem Markt zu geben. Versteckt in Hinterhöfen
oder alten Industriebauten wächst so eine bun-
te Szene heran. *Sàn Art (48/7 Me Linh | Sai-
gon | www.san-art.org)* wird von Künst-
lern für Künstler betrieben – mit ständig
wechselnden Ausstellungen junger
Kreativer sowie Diskussionsrunden
und Vorträgen ausländischer Künstler, die für einzelne Kunstreihen oder
als „Resident Artist" eingeladen werden. Weitere Ausstellungsflächen für
den Nachwuchs bietet die *Mai Gallery
(113 Hang Bong | Hanoi) (Foto)*. Sie ver-
tritt auch die großen Namen, um so die
Möglichkeit zu haben, sich auch für wenig
bekannte Künstler wie Dang Xuan Hoa *(www.
dangxuanhoagallery.com)* einzusetzen.

Vogelperspektive

Skybars Natürlich haben nun auch die Vietnamesen ihre luftigen Skybars in schwindelnder Höhe.
Abends lässt man Flipflops und Shorts am besten
im Hotel, denn in der ☀ *Chill SaiGon Skybar
& Restaurant (AB Tower, 23. Stock | 76 Le Lai |
Saigon | www.chillsaigon.com) (Foto)* zählt:
Dress to impress! Hier lohnt die Happy Hour
(Mo–Fr 17.30–20 Uhr, Reservierung emp-
fohlen). Oder wie wäre ein Sundowner in
der ☀ *Level 23 Wine Bar (Sheraton Tow-
er, 23. Stock | 88 Dong Khoi | Saigon | www.
sheratonsaigon.com)* mit nachts funkelndem
180-Grad-Panorama? Große Klasse ist auch die
Open-Air-Bar ☀ *Summit Lounge (1 Thanh Nien |
www.sofitel.com)* im 20. Stock des Sofitel Plaza in
Hanoi mit bestem Westseeblick.

FAKTEN, MENSCHEN & NEWS

ABERGLAUBE

Der Aberglaube blüht oft als seltsame Mischung aus daoistischen Vorstellungen – wie Unglückstage oder böse Omen – und Naturreligion. Sichtbar wird dies beispielsweise in Tempeln, wo Zettel mit entstellten chinesischen Schriftzeichen verbrannt werden, um böse Geister sinnbildlich auszulöschen. Immer mehr selbst ernannte Wahrsager ziehen durch die Dörfer, sie entscheiden Familienstreitigkeiten und Liebesgeschichten oder fertigen Horoskope an. Hochkonjunktur haben auch Wunderheiler, die mit allerlei seltsamen Mixturen zu Werke gehen.

AHNENVEREHRUNG

Für die Vietnamesen enden die familiären Bindungen nicht mit dem Tod, sondern die verstorbenen Angehörigen greifen sogar hilfreich in das Leben der Nachkommen ein. Damit das so bleibt, müssen die Toten symbolisch mit Nahrung und Geld versorgt werden. Aus diesem Grund stehen in vielen Häusern und Tempeln kleine Altäre, die der Ahnenverehrung dienen. Am Todestag, zu Feiertagen oder bei Familienfesten werden den Ahnen beispielsweise Süßigkeiten, Obst oder Zigaretten geopfert.

BESONDERE „DELIKATESSEN"

Die Küche Vietnams ist vielfältig und köstlich. Doch es gibt auch Spezialitäten, die für den westlichen Gaumen eher fremd und abstoßend sind: Da Aberglaube weit verbreitet ist, essen in Vietnam

Wasserpuppen und Wunderheiler: Eine alte Bühnenkunst wird wieder gepflegt, und der Glaube an allerlei Zauberformeln blüht auf

(meist chinesischstämmige) Männer schon mal „potenzsteigernden" Tigerpenis, Schildkröteneier für ein langes Leben oder ein Schwalbennestersüppchen. Zu den „Delikatessen" gehören auch „wärmender" Hund (im kälteren Norden), Affenhirn, Schlangenfleisch, Zibetkatzen, Frösche usw. Doch solcherlei Spezialitäten sind teuer, einer unwissenden „Langnase" würde man sie niemals vorsetzen – und sie sollten selbstverständlich im Sinne des weltweiten Arten- und Tierschutzes ein absolutes No-Go sein.

BEVÖLKERUNG

In Vietnam leben 90 Mio. Menschen, ein Völkergemisch. Rund 88 Prozent der Bevölkerung gehören der größten Volksgruppe der Viet (auch: Kinh) an. Außerdem unterscheidet man 53 ethnische Minderheiten, von denen die größten Gruppen mit jeweils rund 1 Mio. zu den Bergstämmen (Tai-Völker und Muong), den chinesischstämmigen Hoa und den kambodschanischen Khmer zählen; Letztere leben überwiegend im Mekongdelta. Vor allem die Bergvölker unterscheiden sich noch heute in ihren Traditionen, in Sprache, Kleidung, Festen und Siedlungsweise. Die Vietnamesen bezeichnen die Bergstämme oft als *moi* (Wilde). Jede Volksgruppe lebt weitgehend für sich, es gibt kaum Mischehen. Übrigens: Die Vietnamesen gelten als die „Deutschen Asiens". Mit ihrem Fleiß und

rund 20 Ruinen erhalten, etwa My Son bei Da Nang. Wie Architektur und Symbole (z. B. der Lingam als Phallussymbol für den Gott Shiva) deutlich zeigen, waren die frühen Cham Anhänger des Hinduismus. Ihre Nachfolger hingegen, von denen noch rund 100 000 in Vietnam leben, gehören dem Islam an, allerdings

Denkmal für den verehrten Revolutionär Ho Chi Minh vor dem Rathaus in Saigon

ihrer Improvisationskunst haben sie sowohl den Krieg als auch die Hungerjahre danach überstanden und sich aus einem napalmverbrannten Land schon wenige Jahre später an die Weltspitze der Reisexporteure arbeiten können.

CHAM

Im südlichen Zentrum Vietnams werden Sie ihnen häufiger begegnen: den Cham. Im 4.–13. Jh. war das Königreich ihrer Vorfahren, Champa, eines der mächtigsten Reiche in Südostasien, das sich bis ins heutige Kambodscha erstreckte. Von den einst 250 Tempelstätten der Cham-Hochkultur sind heute nur noch

einer sehr gemäßigten Variante und mit eigenen Festen. Einen hervorragenden Einblick in die Kultur der Cham gibt das Cham-Museum in Da Nang.

FAUNA UND FLORA

In den Dschungelgebieten gibt es noch Großkatzen, darunter Leoparden, Tiger und Zibetkatzen. Es leben außerdem Elefanten, Bären, Schakale, Stinktiere, Mungos, Flughörnchen und Rotwild in den Wäldern. Nur noch maximal 12 Prozent des Landes sind, vor allem im Süden, mit tropischen Wäldern bewachsen, die mit ca. 1500 Baumspezies sehr artenreich sind. Mehr als 800 Vogelarten, Krokodile, Pythons und verschiedene Echsen leben dort, aber auch seltene Affen wie die Östlichen Schwarzen Schopfgibbons, die bis 2002 als ausgerottet galten. Im Norden wachsen auch Laub abwerfende Monsunwälder. In höheren Lagen überwiegt immergrüner Bergwald, und an den flachen Küsten im Norden und Süden des Landes gibt es Mangroven. Der Einsatz chemischer Kampfstoffe im Vietnamkrieg, Brandrodungen und Abholzungen haben jedoch die ursprüngliche Vegetation erheblich geschädigt.

HO CHI MINH

Ho Chi Minh kämpfte schon als junger Revolutionär gegen die seit 1862/63 bestehende französische Kolonialherrschaft und gründete 1930 in Hongkong die Kommunistische Partei Vietnams. Nach der Teilung des Landes 1954 wurde er Präsident der Demokratischen Republik Vietnam im Landesnorden. Die Wiedervereinigung des Landes als Sozialistische Republik Vietnam im Juli 1976 konnte der bis heute verehrte „Onkel Ho" nicht mehr erleben: Er starb am 2. September 1969 im Alter von 79 Jahren.

KONFUZIANISMUS

Der Konfuzianismus ist seit fast 2000 Jahren die wichtigste Staatsphilosophie in Vietnam: Vom chinesischen Philosophen Konfuzius vor 2500 Jahren geschaffen, ordnet sie die Beziehungen und Verhaltensregeln innerhalb von Familie und Gesellschaft und sogar im Staatsgebilde: Jüngere ordnen sich den Älteren unter, ebenso Frauen den Männern, der Untertan dem Herrscher. Die fünf wichtigsten Tugenden: Menschlichkeit oder auch Liebe, Rechtschaffenheit, Gewissenhaftigkeit, Ehrlichkeit und Sittenhaftigkeit. Im täglichen Miteinander macht sich der Konfuzianismus überall bemerkbar, vor allem in den Familien.

Dort bestimmt er die Rangfolge einzelner Familienmitglieder – der Älteste ist immer noch die wichtigste Respektsperson. Das gilt auch für den gesellschaftlichen Umgang. Wundern Sie sich also nicht, wenn Sie gleich beim Kennenlernen nach Ihrem Alter gefragt werden.

KUNST UND KUNSTHANDWERK

Im 11. Jh. blühten Kunsthandwerk und Malerei in Vietnam. Volkstümliche Künstler hielten bäuerliche Szenen fest, etwa die Reisernte oder die Aussaat. Ganze Dorfgemeinschaften waren damit beschäftigt, Schwarz-Weiß-Holzschnitte herzustellen, die heute noch als *tranh tet,* Neujahrsbilder, bekannt sind. Zur gleichen Zeit brachte die Than-Hoa-Schule der Ly-Dynastie (1009–1225) die wohl feinsten Keramiken des Landes hervor, Töpferkunst, die selbst in Japan und China Anklang fand. Im 13. Jh. entdeckten Künstler die Seidenmalerei und schufen z. B. Porträts, die der Ahnenverehrung dienten. Die Cham-Kultur mit ihren buddhistisch-hinduistischen Figuren führte einen Aufschwung von Bildhauerei und Schnitzkunst herbei. Im 15. Jh. kam die Lackmalerei auf, die es in China bereits seit vielen Jahrhunderten gab.

Heute leben Hunderte von Kunstmalern von der Kopierkunst: Werke von Picasso oder Rembrandt hängen an jeder Ecke in der Altstadt Hanois, natürlich nur als sehr erschwingliche „Zitate" der berühmten Meisterwerke – ein Caravaggio oder Dalí für ganze 30 Euro!

POLITISCHES SYSTEM

Vietnam wurde nach dem Ersten Indochinakrieg gegen die Franzosen 1954 auf Beschluss der Genfer Konferenz in die Demokratische Republik Vietnam im Landesnorden und den amerikanisch beeinflussten Süden aufgeteilt („provisorische" Teilung des Landes). Die Wiedervereinigung des Landes als Sozialistische Republik Vietnam fand 1976 nach dem Vietnamkrieg statt. Formelles Staatsoberhaupt ist der Präsident, der alle fünf Jahre vom Parlament gewählt wird, dem Ministerrat der Regierung steht der Ministerpräsident vor. Die 498 Mitglieder der Nationalversammlung, zumeist Angehörige der Kommunistischen Partei (KP), werden auf fünf Jahre gewählt und kontrollieren formell die Arbeit der Regierung. Der politische Kurs wird vom Generalsekretär der KP vorgegeben. Hart durchgegriffen wird nach wie vor gegen Regierungskritiker, und auch Korruption und Verbrechen hat die Regierung den Kampf angesagt.

REIS

Zu den Hauptanbauprodukten in der Landwirtschaft, in der zwei Drittel der Bevölkerung tätig sind, zählt der Reis. Seit Jahrtausenden bauen die Vietnamesen Reis an, der vietnamesische Alltag wäre ohne ihn nicht denkbar. Legenden und Märchen befassen sich mit dem Hauptnahrungsmittel. Vietnam gehört heute weltweit zu den drei führenden Reisexportnationen. 3 Mio. Menschen leben allein im Mekongdelta als Reisbauern: Von hier stammen die höchsten Erträge, da das Wasser im Mekong regelmäßig steigt und fällt und somit für die optimale Bewässerung des Nassreises und bis zu drei Ernten im Jahr gesorgt ist.

RELIGION

In Vietnams Tempeln und Pagoden herrscht ein tolerantes Miteinander religiöser und animistischer Anschauungen. Eine Funktion im Alltag haben seit Ewigkeiten Buddha ebenso wie die chinesischen Philosophen Konfuzius und Laotse sowie seit Jüngstem Jesus Christus. Es ist für einen Vietnamesen kein Problem, gleichzeitig Buddhist und Christ zu sein. Im Buddhismus unterscheiden sich zwei Grundrichtungen: der Theravada- (auch: Hinayana-) und der in Vietnam vorherrschende Mahayana-Buddhismus. Die Anhänger beider Traditionen suchen ihre Erlösung und Vollkommenheit vor allem durch grenzenlose Geduld, Mitgefühl und Toleranz gegenüber allen Lebewesen.

Laotse ist keine historisch nachweisbare Person, gilt aber als Begründer des Daoismus und ist zuständig für Harmonie im Alltag, entsprechend seiner esoterisch-mystischen Naturlehre, deren wichtigste Symbole das Yin-und-Yang-Zeichen (als weibliches und männliches Urelement) und der Jadekaiser Ngoc Hoang als oberster Weltenherrscher sind.

Ca. 1–2 Mio. Vietnamesen gehören dem 1926 begründeten Kult der Cao Dai an. An der Spitze dieser Mischung aus den großen Religionen – mit einer Prise Okkultismus (Séancen), Mystik und Starkult mit hochverehrten verstorbenen Repräsentanten aus Politik und Weltliteratur – steht der Cao-Dai-Papst. Die meisten der etwa 500 auffälligen Tempel finden sich im Süden des Landes.

VIETNAMKRIEG

Über die Vergangenheit wird in Vietnam nicht gern gesprochen. Es entspricht vielmehr dem daoistisch untermauerten Glauben der Leute, dass, wer immer wieder an die tragischen Ereignisse erinnert, sie letzten Endes aufs Neue heraufbeschwört. Doch kann man über 4 Mio. Tote und Verletzte, Verwüstungen ganzer Landstriche, Dörfer und Städte oder Massaker wie jenes in My Lai nicht so einfach hinwegsehen. Von 1964 bis 1975 hatten sich die USA in einer bisher beispiellosen Material- und Menschenschlacht gegen die kommunistischen Truppen des Vietcong gestellt und einen

Das Wasserpuppentheater: beste Unterhaltung seit über tausend Jahren

angeblichen Stellvertreterkrieg gegen den Weltkommunismus geführt. Erst mit dem Vietnambesuch des US-Präsidenten Bill Clinton im November 2000, 25 Jahre nach dem Sieg des Vietcong, normalisierten sich die Beziehungen zwischen den ehemaligen Feinden.

WASSERPUPPEN

Mindestens 1000 Jahre alt ist die Kunst des Wasserpuppenspiels, die von Reisbauern entwickelt wurde, indem sie das übliche Puppenspiel einfach in den Pausen an ihrem Arbeitsplatz stattfinden ließen. Die Puppen aus Feigenbaumholz verkörperten Dorfbewohner, Tiere, Sagengestalten oder Geister. Oft wurden sie auf einer schwimmfähigen Unterlage angebracht und unter Wasser mit einem Bambusstock bewegt. Dargestellt wurden Alltagsszenen, Begebenheiten im Dorf oder auf den Feldern. Die heutigen Puppen sind teils über 50 cm hoch und wiegen bis zu 15 kg, das Spiel ist also Schwerstarbeit. Wiederbelebt wurde die Kunst mit der Eröffnung des Städtischen Wasserpuppentheaters in Hanoi.

WIRTSCHAFT

Vietnam trat 2007 der Welthandelsorganisation (WTO) bei. Der wirtschaftliche Aufschwung, den das Land seit 1991 verzeichnet (7–8 Prozent Wachstum pro Jahr), ist auch auf Tausende von Auslandsvietnamesen zurückzuführen, die ihr Heimatland besuchen und vor allem im prosperierenden Süden Joint Ventures gründen. Industrie und Bausektor sowie Dienstleistungen und Export haben den größten Anteil am Wachstum. Bedeutend sind die Automobil- und Zweirad- sowie die Stahl- und Zementproduktion, daneben Tourismus und Bankwesen. Zu den wichtigsten Exportgütern zählen Rohöl, Textilien und Schuhe, Meeresfrüchte, Reis und Kaffee. Das Bruttoinlandsprodukt betrug 2014 – bei einem starken Stadt-Land-Gefälle – pro Kopf ca. 2000 US-Dollar. Die Vietnamesen sind ebenso Meister im Kopieren wie die Chinesen, sie nehmen das Copyright wörtlich: *the right to copy!* Es gibt hier neben Millionen illegaler DVD-Kopien auch täuschend echte *Tampro*-Taschentücher und den *Media Mart*.

ESSEN & TRINKEN

Tu Duc, der vierte Kaiser der Nguyen-Dynastie, der 1847–83 das Land von Hue aus regierte, nahm es mit der Ernährung genau. Er wollte bei jeder Mahlzeit fünfzig Speisen serviert bekommen, die von fünfzig Köchen gekocht und von fünfzig Dienern aufgetragen werden sollten.

Die Maîtres gaben sich alle erdenkliche Mühe – und so kommt es, dass allein die traditionelle vietnamesische Küche heute *über 500 verschiedene Gerichte* zählt. Alle bestellten Gerichte – Fleisch, Fisch und Seafood, Eierspeisen, Gemüse, Salate und Suppen – werden gleichzeitig serviert, dazu *gekochter Reis (com trang)*. Daneben stehen auf den Tischen Teller mit klein geschnittenem Gemüse oder frischen Kräutern wie Basilikum, Koriander, Petersilie, Minze oder Zitronengras, die

man nach Wahl über die Gerichte streut; oft gibt es auch Salatblätter dazu. Überall werden zudem kleine, sehr gute *Baguettes* angeboten, eine Hinterlassenschaft der französischen Kolonialherren. Reisnudeln oder Eiernudeln werden vor allem in der Suppe (*bun* oder *pho*) kredenzt. Eine Variation ist z. B. die *mien luon,* eine *Nudelsuppe* mit Aalstückchen. Weit verbreitet ist *mien ga,* Nudelsuppe mit Hühnchen, Pilzen, Schalotten oder Gemüse. Auf den Tischen stehen zudem große Flaschen mit *nuoc mam,* der *Fischsauce* aus den Fabriken in Phan Thiet und auf der Insel Phu Quoc, die zu keinem Gericht fehlen darf. Mit *xin moi an* (bitte zugreifen) ist das Mahl eröffnet, und jeder kostet, indem er sich mit Stäbchen Häppchen in seine Reisschüssel füllt.

Weißer Reis zu bunter Vielfalt: Wer gern gut isst, kann in Vietnam die köstlichsten Speisen auf den Stäbchen balancieren

Die Restaurantauswahl reicht vom feinen Lokal bis zu kleinen Garküchen am Straßenrand. In gehobenen Restaurants wird à la carte gespeist. Doch sind die Rezepturen in Hotelrestaurants allzu oft dem Geschmack der westlichen Kundschaft angepasst: Es fehlt an Schärfe, und es wird fettreich gekocht. Die vielen *Spezialitätenrestaurants* in den Großstädten und Touristenorten sind oft hervorragend – regelrechte Feinschmeckerlokale mit gepflegtem Ambiente und authentischer Küche.

Wegen des kühleren Klimas kommen im Norden eher Geschmortes, Frittiertes, Pfannengerichte und *Reisbrei* auf den Tisch. In der Heimat der Kaiser, rund um Hue, isst man wie ebensolche: In speziellen Touristenlokalen werden die einst kaiserlichen Gerichte heute wieder aufs Prächtigste garniert, scharf gewürzt und appetitlich präsentiert. Der gastronomische Hit in Hue ist *banh khoai*: knusprige Pfannkuchen mit Krabben, Schweinefleisch, Sojabohnensprossen und einer Sauce aus Erdnüssen und Sesam. Im Sü-

SPEZIALITÄTEN

Banh cuon – gedünsteter, hauchdünner Reiskuchen mit gehacktem Fleisch
Bon bay mon – hauchdünn geschnittenes Rindfleisch, in verschiedenen Saucen eingelegt, Spezialität aus Saigon
Bun cha – Schweinehackfleischbällchen vom Holzkohlegrill
Bun thang – kräftige Suppe aus Reisnudeln, Hühner- und Schweinefleisch, Garnelen und Spiegeleiern (Foto re.)
Canh chua – süßsaure Fischsuppe, die mit Tamarinde, Koriander und Sojasprossen stark gewürzt wird
Cha – fein geschnittenes, mariniertes Schweinefleisch, auf Holzkohle gegrillt
Cha ca – fein geschnittene, in Fischsauce und Safran eingelegte, auf Holzspießchen über dem Grill geröstete Fischfilets
Cha gio – Frühlingsrolle, zumeist aus dünnem Reisteig, gefüllt mit Krabben, Schweinefleisch, Ei, Zwiebeln, Nudeln und Pilzen, in Öl gebraten. Nationalgericht, im Norden *nem ran* genannt (Foto li.)

Com thap cam – gerösteter Reis mit Hühner- und Schweinefleisch, Würsten, Eigelb, Karotten, Erbsen, Ingwer und anderen Gewürzen
Dua gia – fermentierter Salat aus Bohnenkeimen
Ech tam bot ran – Froschfleisch im Rührteig, in Öl gebraten; wird mit Essig, Pfeffer und Fischsauce verzehrt
Ga kho gung – Huhn, gekocht mit Ingwer, Fischsauce, Zucker und Pfeffer, karamellisiert (Südvietnam)
Gio – mageres Schweinefleisch, im Mörser zerstampft und dann in Bananenblätter gewickelt und gekocht
Hot pot – eine Art vietnamesisches Fondue: In einem Samowar oder Tontopf werden Fisch, Seafood, Rindfleisch und Glasnudeln im brodelnden Suppensud am Tisch gegart. Dazu: Zwiebeln, Tomaten, Pilze, Bohnen und anderes Gemüse
Mam chung – fermentierter Fisch (aus dem Reisfeld), sehr aromatisch, mit Hackfleisch, Ei, Nudeln und Kräutern gefüllt und gedämpft

den kommt mehr Exotik und Feuer in Topf und Pfanne: Man rührt schnell und pfiffig, sautiert flink und nicht zu lange, grillt und würzt deftig bis scharf, etwa bei den *Currys*.

Doch keine Vietnamreise ist vollständig ohne Kostprobe an einer der *Garküchen* am Wegesrand. Meist gibt es nur eine Suppe oder einen Eintopf für umgerechnet ca. 0,50 bis 1 Euro. Zumeist empfehlenswert sind auch die mit *com pho* (Reis-suppe) gekennzeichneten Restaurants außerhalb großer Ortschaften. Englisch ist hier eine Fremdsprache – lassen Sie sich den Preis aufschreiben.

Es empfiehlt sich, den Umgang mit *Ess-stäbchen* zu üben. Zwar wird auf Wunsch auch westliches Besteck gereicht, doch viel mehr Spaß macht das Essen mit dem traditionellen „Werkzeug", das zwischen Daumen, Zeige- und Mittelfinger gehalten wird. Achtung: Wer die Stäbchen nach dem Mahl im Reis stecken lässt, beschwört nach dem Glauben der einfachen Leute einen Todesfall herauf. Unhöflich ist es, im Essen herumzustochern – picken Sie sich lieber gezielt einzelne Bissen heraus. Als ganz unfein gilt es, mit den Stäbchen auf Menschen zu zeigen.

Auch allerlei *Süßspeisen* finden sich in Vietnam: Zum Nachtisch werden beispielsweise *banh bao* serviert, kleine, süßliche Kuchen, die mit Fleisch und Gemüse gefüllt sind. *Banh deo* sind in Zuckerwasser getränkte Klebreiskuchen, die mit Früchten und Sesam gefüllt werden. In Bananenblättern gedünstet werden *banh it nhan dao,* Kuchen aus Mungbohnenstärke, Reismehl und Zucker. Wem der Sinn nach Kandiertem – ob Früchte oder Gemüse – steht, bestellt *mut.* Zum Tee reicht man die zuckersüßen, geleeartigen Mungbohnenkuchen *banh dau xan,* und als Spezialität zum Tet-Fest, dem vietnamesischen Neujahrsfest, gibt es *banh chung,* mit Bohnen und Fleisch gefüllte Klebreiskuchen.

Die *Obstpalette* ist unüberschaubar. Die in Tempeln geopferten Obstteller sind übrigens voller Bedeutung: Eine Kokosnuss etwa steht für Genügsamkeit, eine Papaya für Vergnügen, der Zimtapfel erfüllt einen Wunsch, Pflaumen verheißen hohes Alter, die Drachenfrucht verleiht Stärke, und die „Augen des Drachen" (Longan) sollen entspannend wirken.

Natürlich kann man den Durst mit Mineralwasser *(nuoc soi)* oder allerlei Cola-Limonaden löschen. Doch Getränke wie der allgegenwärtige *grüne Tee (che),* frische Kokosmilch *(nuoc dua)* und die oft ausgezeichneten Obstsäfte *(sinh to)* aus tropischen Früchten sind nicht zu verach-

Nicht verpassen: Garküchen-Imbiss

ten. Reiswein mag nicht jedermanns Sache sein, aber *Bier* ist in sehr guter Qualität zu haben – entweder als *bia hoi* (frisch gezapft) oder als Castel, Huda (aus Hue), Saigon Export, Bia Hanoi, Salida oder 333 (sprich: *ba ba ba*) – und mit ca. 0,50 Euro auch preisgünstig.

Der vietnamesische *Kaffee* ist sehr gut und recht stark. Auf die Tasse kommt ein Blechaufsatz mit Sieb und gemahlenem Kaffee, darauf wird kochendes Wasser gegossen, das dann langsam in die Tasse mit gesüßter Kondensmilch tröpfelt.

EINKAUFEN

Vietnam ist ein Tummelplatz für Souvenirjäger. In Shops, deren Auslagen nicht mit Preisschildern versehen sind, gehört Feilschen zum Geschäft, und es sind wahre Schnäppchen möglich. Das Angebot an Antiquitäten ist groß, oft „vergessen" die Verkäufer jedoch, dass Touristen eine Ausfuhrlizenz benötigen. Ohne diese Erlaubnis wird die Ware am Zoll konfisziert; dies gilt auch für auf antik getrimmte Imitate. Vorsicht: Bei Edelsteinen handelt es sich oft um billige Fälschungen.

FOTOGRAFIEN

Einer der besten Fotografen in Vietnam ist Long Thanh. Seine Arbeiten kann man in seiner **INSIDER TIPP** *Galerie in Nha Trang (126 Hoang Van Thu | Nha Trang | www.longthanhart.com)* als Poster erstehen: stimmungsvolle Alltagsmotive mit wunderbarer, manchmal überraschender Perspektive zwischen Licht und Schatten.

KEGELHÜTE

Die konischen Hüte dienen den Reisbauern als Regen- oder Sonnenschutz. Bei qualitätvollen Exemplaren kann man zwischen den Strohhalmen dünne Papierschnitzel entdecken. Die schöns-

ten Kegelhüte kommen aus der Region Hue: Das Dorf der Hutmacher Phu Cam (auch: Phuoc Vinh) liegt am Südufer des An-Cuu-Flusses. Dort zaubern die Frauen mit größter Fertigkeit aus Palmblättern die leicht transparenten Hüte, die sie mit Seidenfäden, Landschaftsbildern oder Poesiesprüchen verzieren (auch auf dem Dong-Ba-Markt in Hue erhältlich).

KLEIDUNG

In Seidengeschäften, beispielsweise in der „Schneiderstadt" Hoi An, können Sie sich Kleidung sehr preisgünstig anfertigen lassen. Wer sich ein Ao Dai, die Nationalbekleidung vietnamesischer Frauen, zulegen möchte (gute Exemplare kosten ab ca. 30 Euro), sollte bedenken, dass diese Gewänder vor allem für wärmere Klimazonen geeignet sind.

KUNSTHANDWERK

Seide, bemalte oder von Hand bedruckte Baumwollstoffe, Stickereien, Kupfer- und Silberarbeiten, Schmuck, Statuen, Holzschnitzereien, Miniaturen, Lederwaren, Teppiche und wunderschöne Möbel mit Intarsien sind zu günstigen Preisen erhältlich. Auf dem Weg von Hanoi

Kunstvoll verzierte Hüte, feine Lackarbeiten und maßgeschneiderte Seidengewänder – in Vietnam gibt's viele tolle Mitbringsel!

nach Ha Long City liegt das *Hong Ngoc Humanity Center (an der N 18 | Sao Do | Hai Duong);* hier gibt es u. a. auch Schuhe, Teeservice, Bücher und Gemälde. Wie wäre es mit einem Ho Chi Minh aus weißem Marmor für die Terrasse zu Hause? In Quang Nam am Fuß der Marmorberge sind die Skulpturenmeister tätig – man folgt dem Hämmern vom Berg abwärts. Sehr dekorativ sind **INSIDER TIPP** Sandmalereien *(tranh cat):* In Nha Trang fertigt *Familie Hong Chau Sa (4b Nha Tho | nicht weit vom Zentrum; Shops: 81 Tran Quang Khai, 6 Cau Da und beim Tempel Po Nagar)* Motive von Landschaften bis zum Weihnachtsmann. Der farbige Sand kommt aus Phan Thiet; dort gibt es *Phi Long Sandpainting (Alley 4444 | Thu Khoa Hoan | Than-Hai-Bezirk).* Die bekanntesten Künstler liefern auch Porträts auf Wunsch, z. B. Marilyn Monroe oder den Papst: in Saigon *Kim Sa (www.tranhcatkimsa.com.vn), Sand Painting My Art (www.tranhcatmyart.com)* und *Y Lan (www.tranhcatylan.com.vn).*

LACKARBEITEN

Aus dem Harz des Son-Baums wird brauner oder schwarzer Lack gewonnen und zu Dekoartikeln und Einrichtungsgegenständen verarbeitet, vom Teeservice bis zur Sitzgarnitur. Erkundigen Sie sich bei teuren Stücken, die es in Fachgeschäften gibt, nach der Zahl der aufgetragenen Lackschichten: Je mehr Schichten, desto wertvoller das Objekt. Minimum sind ca. zehn, Maximum 200 Schichten.

POP & CO.

Die Auswahl an preisgünstigen CDs ist groß. Angesagt ist Fusion-Sound: Die softe Version liefert die Sängerin Huong Thanh („Dragonfly"), mit gewaltiger Stimme kommt Vietnams populärste Sängerin Than Lam daher. Derart westlich inspirierte traditionelle Musik gibt es auch vom Jazzgitarristen Nguyen Le. Ethnojazz für Fortgeschrittene macht Billy Bang („The Aftermath").

HANOI UND DER NORDEN

Lange galt Hanoi als die ruhigere der beiden vietnamesischen Metropolen, doch diese Zeiten sind vorbei. Eine schier endlose Zweiradkarawane knattert vorbei an Alleen, Villenmeilen, prachtvollen Kolonialbauten und am Ho-Chi-Minh-Mausoleum.

Hanoi ist nicht zu bändigen, und der Bauboom bedroht die malerischen Handwerkerhäuser der Altstadt. Doch versöhnen die zauberhaften Gartenanlagen, idyllischen Seen und noch immer stillen Winkel der Stadt.

Der Norden steckt auch voller Naturwunder: Südöstlich von Hanoi, rund drei Fahrstunden entfernt, ragen die weißgrauen Kalkfelsen der Ha-Long-Bucht aus dem Wasser. Und das Bergdörfchen Sa Pa entwickelt sich rasant, auch wenn es etwas zeitaufwendig ist, mit dem Zug in die „Vietnamesischen Alpen" im Nordwesten zu fahren, um die Bergvölker zu sehen und durch kühl-gemäßigten Regenwald zu wandern. Die tropische Variante findet man im Ba-Be-Nationalpark, der noch ein echter Geheimtipp ist.

CAO BANG

(137 E1) (♨ E1) Malerisch eingebettet in die Gebirgslandschaft, auf ca. 700 m Höhe, liegt die häufig von Dürre heimgesuchte Provinzhauptstadt Cao Bang (45 000 Ew.).

Die Region nahe der Grenzstadt ist für ihre herrlichen und wild überwucherten Karsthügel, wasserreichen Flüsse und im-

Parks, Pagoden und Neubauten prägen die Kapitale, Gebirge und das Delta des Roten Flusses die Umgebung

mergrünen Regenwälder bekannt. Die Stadt erstreckt sich zwischen den beiden Flüssen Bang Giang und Hien auf einer Landzunge. Da man für die gut 270 km von Hanoi einen ganzen Tag benötigt, ist das Städtchen **INSIDER TIPP** Ausgangspunkt für Ausflüge nach Ban Doc zum 53 m hohen und 300 m breiten *Ban-Doc-Wasserfall* (auch: Ban-Gioc-Wasserfall), in den idyllischen *Ba-Be-Nationalpark,* zu den malerischen *Thang-Hen-Seen* (Allradwagen erforderlich), zur *Pac-Bo-Höhle* und zum *Narang-Bergvölkermarkt.* In

der Stadt und der Provinz leben vor allem Angehörige der Tay (Tho), aber auch viele Nung und einige Hmong.

ESSEN & TRINKEN

Am Markt in der *Hoang Nhu* gibt es preisgünstige und gute Imbissstände.

PIZZA CHI

Saftig-knusprige Holzofenpizza in den Bergen, wer hätte das gedacht? Nicht von dem einfachen, schlauchförmigen

Frauen vom Volk der Tay transportieren schwere Lasten an Tragstangen

Lokal abschrecken lassen! *81 Vuon Cam | Tel. mobil 0169 3 80 41 06 | €*

EINKAUFEN

Mit etwas Glück können Sie auf dem Markt fein gewebte, bunte Teppiche der Tay und Muong kaufen. Auch Schnitzereien sind von sehr hoher Qualität. Empfehlenswert ist auch der große Markt der Bergvölker in *Tra Linh* an der Nationalstraße 3, der am 4., 9., 14., 19., 24. und 29. Tag eines Mondmonats stattfindet.

ÜBERNACHTEN

DUC TRUNG

Das 2012 eröffnete, moderne Hotel bietet ruhige, helle Zimmer auf sechs Etagen nahe Markt und Busbahnhof. *24 Zi. | 85 Be Van Dan | Tel. 026 3 85 34 24 | €*

THANH LOAN HOTEL

Nahe dem Fluss Bang Giang gelegenes Hotel mit schlichten, unterschiedlich großen Zimmern (Satelliten-TV, Telefon, Badewanne), teils mit Mauerblick (ruhiger als zur Straße). Touristische Informationen in der Lobby, Internet. *32 Zi. | 159 Vuon Cam | Tel. 026 3 85 70 26 | €*

AUSKUNFT

Cao Bang Tourist Info (Phong Lan Hotel | Nguyen Du | Tel. 026 3 85 22 45). Buchung von Ausflügen, Guides und Allradwagen; rufen Sie unbedingt einige Tage vor Ihrem Eintreffen an.

ZIEL IN DER UMGEBUNG

INSIDER TIPP BA-BE-NATIONALPARK

(137 D2) (*∅ E2*)

Der 85 km südwestlich von Cao Bang gelegene Park ist von über 1500 m hohen Bergen gesäumt. Hier leben die Tay in ihren typischen Pfahlbauten. Der Name Ba Be („drei Buchten") deutet an, dass sich hier Gewässer befinden: drei miteinander verbundene, insgesamt 8 km lange, kristallklare Seen, in denen es mehr als 50 Arten von Süßwasserfischen geben soll. Im umliegenden tropischen Regenwald gedeihen rund 400 Pflanzenarten, zudem sind hier mehr als 300 Tierarten beheimatet, darunter viele Affen, bunte Schmetterlinge und unzählige Vögel. Ein eindrucksvolles Erlebnis ist die Bootsfahrt durch die knapp 30 m hohe, rund 300 m lange *Puong-Höhle:* Dort leben Fledermäuse, und die Felsen und Tropfsteine wirken im Schein der Taschenlampen unheimlich. Falls Sie in der Nähe der Seen übernachten wollen: Das *Ba Be Hotel (14 Zi. | Tel. über Nationalparkbüro 0281 3 89 41 26 | €)* im 18 km entfernten Tay-Dorf Cho Ra stellt annehmbare Zimmer bereit, etwa *Mr. Linh's Homestay (14 Zi. | im Dorf Bo Lu | Tel. 0281 3 89 47 21 | Tel. in Hanoi 04 36 42 54 20 | www.mrlinhhomestay.com | €).* Dreitägige Touren kosten rund 180 Euro pro Person (bei zwei Personen), z. B. bei *Asiatica Travel (www.asiaticatravel.com);* der Preis ist abhängig von der Teilnehmerzahl und der Agentur, am billigsten sind die Touren der Travellercafés in Hanoi. Eine Gebühr von ca. 1 Euro ist im Besucherzentrum am Parktor zu entrichten. *Nationalparkbüro: Tel. 0281 3 89 41 26*

HA-LONG-BUCHT

(137 E–F3) (⌖ F3) **Die** ⭐ **Ha-Long-Bucht ist Vietnams spektakuläres landschaftliches Juwel.**

Rund 2000 Inseln ragen aus dem Wasser des Golfs von Tongking. Die Fläche der Bucht entspricht mit 1500 km^2 knapp der doppelten Fläche von Berlin. Für die Entstehung gibt es zwei Erklärungen: zunächst eine wissenschaftliche, die besagt, dass die Felsen zur südwestchinesischen Kalktafel gehörten und nach der letzten Eiszeit vom Meer überspült wurden. Und eine Legende: Um mongolische Invasoren abzuwehren, soll einst ein Drache vom Himmel geflogen sein und die Landschaft mit seinem Schwanz zertrümmert haben, damit die Reiterheere ein Hindernis fänden. Dann tauch-

---

MARCO POLO HIGHLIGHTS

te der Drache ins Meer ab, damit das Wasser die Täler fluten konnte.

Die beiden früher mal idyllischen Fischerhäfen *Hon Gai* und *Bai Chay* heißen heute *Ha Long City* und sind durch eine Brücke miteinander verbunden. Sie haben sich in einen trubeligen Vergnügungsort verwandelt – mit einer pausenlos wachsenden Skyline von Hotels, mit Nachtmarkt, Kasino, einem übertuerten Wasserpuppentheater und einer gigantischen Zirkusarena auf der 5 km entfernten *Tuan-Chau-Halbinsel*.

SEHENSWERTES

HÖHLEN

Zur Schönheit der Ha-Long-Bucht tragen vor allem die zahlreichen Tropfsteinhöhlen bei, die man bei einer Bootstour besichtigen kann. Die *Hang Dau Go* etwa, die „Holzstangenhöhle": Dort sollen hölzerne Waffen versteckt gewesen sein, mit denen im 13. Jh. die Nordvietnamesen 500 000 Mongolen unter Kublai Khan vorübergehend in die Flucht schlagen konnten. Man erreicht die Höhle über 90 Stufen. Ein besonderes Erlebnis ist der Besuch der *Hang Trong,* der „Trommelgrotte": Wind und Wetter verursachen an den Stalagmiten und Stalaktiten eigenartige Geräusche. Die schönste Höhle ist die effektvoll beleuchtete *Hang Sung Sot*. In dem weiten Gewölbe verteilen sich die Besuchergruppen auf die drei Säle und können so den Rundweg mit geradezu mystischen Ausblicken in relativer Ruhe genießen. Die Bootstouren durch die Bucht starten in Bai Chay, Hon Gai oder von der Insel Cat Ba aus. *Eintritt Höhlen jeweils ca. 1,50 Euro*

LOW BUDGET

Ein ● Blick in die Zukunft, z. B. bei den Bergstämmen in Cao Bang oder Sa Pa, kostet nur ca. 1 Euro: Eine Art Dorfschamane bietet Rituale am Feuer, mit Steinen und Bambushölzern als „Telefon" zu Ahnen und Geistern.

Im zehnstöckigen 🌿 *Thai Bao Hotel (35 Zi. | 1/4 Street Nr. 207 | Promenade | Cat Ba | Tel. 031 88 88 80 | ab ca. 10 Euro)* nahe dem Pier stimmt einfach alles: tolle saubere Balkonzimmer (Sat-TV, Klimaanlage, WLAN) mit Hafenblick bei den Gastgebern Vic und Tom, die viele Tipps geben.

Noch billiger auf Cat Ba: Am Strand *Cat Co 2* und auf *Monkey Island* kann man campen *(ca. 4–10 Euro pro Zelt, Matratze und Licht; Verpflegung muss teils mitgebracht werden).*

ESSEN & TRINKEN

HONG HANH

Mit der Kellnerin sucht man sich Fisch oder Hummer aus dem Aquarium aus und kann sicher sein, dass alles frisch ist. Und lecker ist es auch! *442 Nguyen Van Cu | Bai Chay | Tel. 033 3 83 58 92 | €€€*

PHUONG OANH RESTAURANT

Kleines Familienlokal, auf der Karte stehen viele Meeresfrüchte. Auch Frühstück. *Ha Long Road | an der Ecke gegenüber der Post und dem Thong Nhat Hotel | Bai Chay | Tel. 033 3 84 61 45 | €*

EINKAUFEN

NACHTMARKT IN BAI CHAY

Hier ist jeden Abend etwas los: Auf den Tischen zwischen Promenade und Strand türmen sich Essstäbchen, Badeanzüge, Schuhe, Spielzeug und Schnickschnack jeder Art. Für Kinder gibt es einen kleinen Jahrmarkt. *Tgl. 18–23 Uhr*

FREIZEIT & SPORT

BOOTSAUSFLÜGE

Für Ausflüge in die Ha-Long-Bucht und auf die Insel Cat Ba bekommen Sie am Touristenpier in Bai Chay (nahe Thang Long Hotel) Tickets und Boote *(ab ca. 50 Euro/Boot und Tag plus Übernachtungsgebühr von ca. 9–18 Euro für 1–3 Nächte).* 400 Kähne, Dschunken und Raddampfer warten auf Gäste. Die Ha-Long-Touren kann man auch von Cat Ba aus unternehmen. Weil mittlerweile alle Boote (bis zu 50!) in einer Bucht ankern, sollten Sie sich auf Dieselmotorlärm und Karaokebeschallung einstellen.

KAJAKTOUREN

Wer in der Bucht nicht nur schwimmen möchte, kann per Kajak einige der Höhlen hinter ihrer schmalen Öffnung erkunden und in die smaragdgrüne Lagune paddeln (z. B. in die *Hang Luon*). Oder man macht einen Abstecher in die „schwimmenden" Fischerdörfer, wie z. B. *Van Gia,* wo sogar die Schule schwimmt.

AM ABEND

TRUNG NGUYEN 2

Das Lokal oberhalb der Hauptstraße ist nicht zu übersehen oder zu überhören. Man trifft sich bei Fruchtsaft, Bier, Whisky, Eis und Snacks. *Ha Long Road (Promenade) | Bai Chay | €*

ÜBERNACHTEN

BAI THO JUNK/VICTORY JUNK

Empfehlenswert ist das schwimmende Halong-Bay-Hotel: Die *Bai Tho Junk* oder die *Victory Junk* von Victory Star Cruise sind mit allem Komfort ausgestattet, sogar mit Whirlpoolbadewanne und kleinem Balkon. Auch Kochkurs und Massagen. *Tel. 033 3826898 | www.victoryhalong.com/vn | €€€*

Wunderwelt aus Fels: Lichterspiel in der Höhle Hang Sung Sot

HERITAGE HA LONG HOTEL

Kleine Zimmer, teils mit Schaukelstühlen, Marmorbädern und Balkon, Suite mit Heizung und Kamin. Außerdem: ein ruhiger Pool und eine laute Karaoke-Holz, Satelliten-TV, Terrassenlokal, Pool, Sauna, Touren, Internet, man spricht Deutsch. Hier wohnen Sie in traditioneller Architektur der *nha san,* den Holzhäusern der ethnischen Minderheiten. 28

Lebensmittelhändlerin in einem „schwimmenden" Fischerdorf in der Ha-Long-Bucht

disko. *101 Zi. | 88 Ha Long Road (Promenade) | Bai Chay | Tel. 033 3 84 68 88 | heritagehalonghotel.com.vn | €€–€€€*

HOLIDAY VILLA HALONG BAY ❄

Die etwas renovierungsbedürftigen Villen und Zimmer liegen am Privatstrand oder am Hügel (große Bäder, teils Jacuzzi) mit phantastischem Panorama. Pool, Massagen, Fitnessraum, Golfplatz, Helikopterflüge über die Bucht. *247 Zi. | Tuan Chau | Tel. 033 84 29 99 | www. holidayvillahalongbay.com | €€–€€€*

INSIDER TIPP VIETHOUSE LODGE ❄

Rustikale Zimmer mit altem Dachgebälk, Flügeltüren, viel Rattan, Terrakotta und *Zi. | Tuan Chau | Tel. 033 3 84 22 07 | Tel. in Deutschland 0364 14 81 66 99 | www. viethouselodge.com | €€*

AUSKUNFT

Tourist Service Center (Bai Chay Pier | Ha Long City | Tel. 033 3 82 48 67 und 3 84 74 81 | www.halongbay.com.vn)

ZIELE IN DER UMGEBUNG

BAI-TU-LONG-BUCHT

(137 F3) (*M F–G3*)

Die nördlich gelegene Bucht ist viel ruhiger als die Ha-Long-Bucht. Es gibt hier nicht so viele spektakuläre Höhlen, aber dafür mehrere größere Strände, wie auf den Inseln *Quan Lan* und *Van Don*. Auf Quan Lan werden Riesengarnelen und Fische gezüchtet, und noch heute finden sich hier uralte Traditionen wie das Bootsrennen zum Dorffest im Sommer. Aber schon wird entlang den Straßen und im Hauptort fleißig gehämmert und gehobelt: Den ersten Bungalows an beiden Inselstränden werden weitere folgen. Die Fähren von Cam Pha auf dem Festland fahren mehrmals täglich nach Quan Lan, ebenso von Hon Gai (Ha Long City). Auf der Insel gibt es mehrere Unterkünfte, z. B. das moderne, strandnahe INSIDER TIPP ▶ *Min Chau Beach Resort* (50 Zi. | Minh Chau Beach | Tel. 033 3 87 78 86 | Tel. mobil 090 4 08 18 68 | www.minhchauresort.com | €€) mit ordentlichen Zimmern und Suiten (aber überteuert), Minipool und Dachlokal. Die *Robinson-Hütten* (€) in der Nähe sind eher spartanisch, bessere und preiswerte Unterkünfte mit Klimaanlage und Heißwasserduschen finden Sie im Städtchen, z. B. das vierstöckige *Ann Hotel (Tel. 033 3 87 78 89 | Tel. mobil 091 3 07 20 72 | www.annhotel.com.vn | €)* mit 26 schönen Balkonzimmern und große Bädern.

Die nördlich gelegene Insel Van Don ist durch eine Brücke mit dem Festland verbunden. Hierher gelangt man zweimal täglich mit der Fähre von Quan Lan oder mit dem Hydrofoil-Tragflächenboot ab Ha Long City. Am *Bai-Dai-Strand* am östlichen Ende wirkt Van Don noch immer ländlich, doch auch hier ist die eifrige Bautätigkeit entlang der Küste nicht zu übersehen. Vor der schönen Kulisse aus Felseninseln verkehrt ein endloser Strom von Frachtern, Booten und Fähren – immerhin war Van Don schon vor rund 1000 Jahren der erste kommerzielle Fischereihafen der Ly-Dynastie. Derzeit leider geschlossen ist das *Bai Tu Long Eco Resort* am Bai-Dai-Strand.

CAT BA (137 E3) (*ØØ F3*)

Cat Ba ist die größte Insel der Ha-Long-Bucht und liegt ca. 20 km südwestlich von Ha Long City. Vor allem im Hauptort *Cat Ba* gibt es Dutzende Minihotels, und an den Wochenenden kommen zahllose Ausflügler, um sich in Karaokebars zu vergnügen. Doch ein großer Teil der Insel steht seit 1986 unter Naturschutz, und so sind der touristischen Entwicklung Grenzen gesetzt. Bewaldete, bis zu 300 m hohe Berge, tiefe Schluchten, Höhlen und Grotten sowie von Felsen umschlossene Badebuchten bilden ein kleines, südseeähnliches Areal, in dem zahlreiche Affen und Vogelarten leben. Die beste Jahreszeit zum Baden ist von Juni bis Oktober, sonst ist es oft kühl und neblig. Auf Touren in den Nationalpark kann man Höhlen besichtigen, in denen Steinwerkzeuge und Menschenknochen gefunden wurden, die bis zu 7000 Jahre alt sind (Eintritt ca. 1,50 Euro).

Tapas und Pasta, Suppen und Salate, Vegetarisches und Seafood in schickem Ambiente an der Uferpromenade gibt es im *Green Mango* (nahe dem Holiday View Hotel | Tel. 031 3 88 71 51 | €€). In *The Good Bar 8 (1/4 Street Nr. 4 | Promenade | Tel. 031 3 88 83 63 | €)* trifft sich die Climberszene bei Pizza, Hamburgern und vietnamesischen Gerichten, Poolbillard, Tischfußball und Darts.

In einer Minibucht liegt das villenartige Strandhotel *Sunrise Resort (39 Zi. | Cat-Co-3-Strand | Tel. 031 3 88 73 60 | www.catbasunriseresort.com | €€–€€€)* mit schönen Zimmern (teils Jacuzzi), Pool, drei Restaurants und Wassersportangebot. Ansprechende Zimmer mit bester Sicht und WLAN hat das ☼ *Sea Pearl Cat Ba (85 Zi. | 1/4 Street Nr. 219 | Promenade | Tel. 031 3 69 61 28 | www.seapearlcatbahotel.com.vn | €€)* mit Dachlokal und Diskothek im 1. Stock; hier lassen sich oft Schnäppchenpreise aushandeln. Auf dem dschungeligen Inselchen *Cat Ong* (ca. 5 km südöstlich von Cat Ba) nächtigt man im *Ocean Beach Resort (14 Zi. | Buchung: Ocean Tours Hanoi, Tel. 04 39 26 04 63 | www.oceanbeachresort. com.vn | €€)* in sieben urigen, palmblattgedeckten Doppelhütten (sehr hellhörig) am Strand oder auf dem Hügel; Strandbarbecue, Kajaktouren.

HAI PHONG (137 E3) (*□ F3*)

Die Atmosphäre der drittgrößten vietnamesischen Stadt (900 000 Ew.), die gut 100 km südöstlich von Hanoi am Fluss Song Cam liegt, erschließt sich nicht auf den ersten Blick. Doch schon bald zeigt sich die koloniale Vergangenheit Hai Phongs, das ab 1876 von den Franzosen zum Hafenstandort ausgebaut wurde: Im *Quartier Français* rund um die Dien Bien Phu stehen Villen, kleine Paläste, Hotels und Kolonnaden. Daran schließt sich östlich die Altstadt an. Der hübsche, im 18. Jh. entstandene Tempel *Den Nghe (Le Chan/Ecke Me Linh)* wird von einem reich verzierten Steinaltar beherrscht; die vergoldeten Sänften stammen wie die gesamte Einrichtung aus dem 19. Jh.

Im gemütlichen *Saigon Café (107 Dien Bien Phu | Tel. 031 3 82 21 95 | €€)* treffen sich Reisende aus aller Welt (abends oft westlich orientierte Livemusik). Sehr empfehlenswert ist das Hotel *Avani Hai Phong Harbour View (127 Zi. | 12 Tran Phu | Tel. 031 3 82 78 27 | www. avanihotels.com | €€–€€€)* in elegantem Kolonialstil. Hier werden auch viele Ausflüge organisiert. Im modernen *Nam Cuong Hai Phong Hotel (78 Zi. | 47 Lach Tray | Tel. 031 3 82 85 55 | www. namcuonghaiphonghotel.com.vn | €€)* kann man nicht nur schön übernachten, sondern es gibt auch gleich drei gute Restaurants und zwei Pools.

Vom *Ben-Binh-Terminal* fahren mehrmals täglich Fährboote zur Insel Cat Ba (Slow Boat 2 Stunden, Tragflügelboot rund 30 Minuten). *Auskunft: Hai Phong Tourism (18 Minh Kai | Tel. 031 3 82 26 16 | www. haiphongtourism.gov.vn)*

HANOI

KARTE AUF SEITE 142–143
(137 D3) (*□ E3*) Stolz und erhaben liegt Hanoi (rund 3 Mio. Ew.) in einer fruchtbaren Ebene 139 km oberhalb der Mündung des Roten Flusses (Song Hong) in den Golf von Tongking.

Weiträumige Parkanlagen und rund 600 Tempel, Pagoden und europäische Prunkbauten aus der Kolonialzeit prägen das Gesicht des im Jahr 1010 gegründeten, aber erst von Kaiser Minh Mang (reg. 1820–41) benannten *Ha Noi*, der „Stadt an der Biegung der Flüsse". Nachdem der Wirtschaftsboom den Norden Vietnams voll erfasst hat, ist die Millionenmetropole im Aufbruch begriffen: Mopeds röhren durch die Straßen, Baulärm erfüllt die Häuserzeilen, überall entstehen Wohnhäuser oder Büroanlagen, und in den Luxushotels steigt heute wie einst die High Society ab.

SEHENSWERTES

ALT-HANOI ★

(142–143 C–D 2–3) (*□ 0*)

Kein Hanoi-Besucher kommt an der Altstadt vorbei. Ihr Herz schlägt im Handwerkerviertel, das sich ab dem 11. Jh. bildete, als Kaiser Ly Thai To die Hauptstadt nach Thang Long verlegte. Um den Kaiserpalast formte sich ein Ring aus 36 Dörfern – in jedem Ort gab es ein anderes Handwerk oder Gewerbe. Zünfte, Innungen und Gilden entstanden. Aus dieser Zeit übrig geblieben sind die „36 Gassen". Da sich in jeder Straße eine bestimmte Zunft niedergelassen hatte, sind

CITY **WOHIN ZUERST?**
Beginnen Sie Ihre Stadttour mit einer Runde um den **Hoan-Kiem-See (143 D3–4)** (*⌐ 0*) – vom Französischen (Hotel-)Viertel im Süden des Sees geht es an Gymnastik-treibenden (morgens und abends) und dem Jadebergtempel (Den Ngoc Son) vorbei ins Herz der Altstadt. Wer nicht herlaufen möchte, nimmt ein Mopedtaxi. Auch die Busse 1, 3, 7 und 14 fahren hierher.

sie nach den Waren benannt, die einstmals hier verkauft wurden: *Hang Ca* ist die Fischgasse, *Hang Bo* die Korbgasse, *Hang Buom* die Gasse der Segelmacher, *Hang Non* die der Hutmacher und *Hang Hom* die Sarggasse. Leider sind die Backsteinhäuser aus dem 19. Jh. vom Bauboom bedroht. Auch die Auslagen der

Geschäfte haben sich den Bedürfnissen des Touristenstroms angepasst. Ab 15, spätestens 17 bis um 21 Uhr bricht in der Rushhour der Irrsinn auf zwei Rädern aus, stinkend und laut knatternd. Oft geht es nicht einmal mehr zu Fuß weiter, ob auf dem erbarmungslos vollgeparkten Minibürgersteig oder auf der Straße im Stau zwischen Hunderten von brummenden, dauerhupenden Mopeds. Wo noch Platz ist, wird kurzerhand auf dem Gehweg gefahren – im Affenzahn. Da hilft nur abwarten und Tee trinken oder ein *bia hoi*-Bier in einer der klimatisierten Kneipen oder in einer der schicken Cafés …

CHUA MOT COT (142 A2) (*⌐ 0*)

Zur „Einsäulenpagode" gibt es eine hübsche Legende: Dem alternden, kinderlosen Kaiser Ly Thai To erschien eines Nachts die Göttin Quan Am, die ihm einen kleinen Jungen zeigte. Schon bald

Wirtschaftsboom und traditionelles Leben treffen in Alt-Hanoi aufeinander

gab es männlichen Nachwuchs im Kaiserhaus, und Ly Thai To ließ aus Dankbarkeit auf einer Steinsäule einen Gedenkschrein in Form einer Lotosblüte bauen. Nachdem die Säule 1954 von den Fran-

Die rote The-Huc-Brücke führt zum Tempel Den Ngoc Son

zosen umgestürzt worden war, wurde sie in Beton nachgebildet. Noch heute wird hier Quan Am als Kinderbringerin verehrt. *Tgl. Sonnenaufgang bis -untergang | an der Chua-Mot-Cot-Straße, südlich des Ho-Chi-Minh-Mausoleums*

CHUA QUAN SU (142 C4) (🗺 0)
In der „Botschafterpagode" wuselt das Leben – kein Wunder, denn hier befindet sich das buddhistische Zentrum der Stadt. Im 15. Jh. waren hier in einer Herberge buddhistische Gesandte aus an-

deren Nationen untergebracht. *Tgl. ca. 6–21 Uhr | 73 Quan Su*

DEN NGOC SON (143 D3) (🗺 0)
Der „Jadebergtempel" auf einer Insel im nördlichen Hoan-Kiem-See ist drei Persönlichkeiten gewidmet: General Tran Hung Dao, der im 13. Jh. die Mongolen besiegte, dem Gelehrten Van Xuong und dem Schutzheiligen der Ärzte, La Tho. Sie erreichen den Tempel über die hübsche The-Huc-Brücke, die rote „Brücke der aufgehenden Sonne". *Tgl. 7–18, im Winter 7.30–17.30 Uhr | Eintritt ca. 1 Euro*

DEN TRAN VU (142 B1) (🗺 0)
Der Tran-Vu-Tempel (auch: Quan Thanh), der wichtigste daoistische Tempel Hanois, wurde im Jahr 1010 vor den Toren der Stadt errichtet. Er ist dem Dämon und Zauberer Huyen Thien Tran Vu gewidmet, dem man außerhalb des Stadtgebiets huldigte, damit die Stadt selbst von Unglück verschont bliebe. Die 4 m hohe, knapp 4 t schwere Bronzestatue des Tran Vu entstand 1677. *Tgl. 8–18 Uhr | Eintritt ca. 0,50 Euro | Quan Thanh, am Südostufer des Westsees*

INSIDER TIPP ETHNOLOGISCHES MUSEUM 🟠 (0) (🗺 0)
Hervorragend konzipierte Ausstellungen zu Kultur und Siedlungsweise, Arbeitsgeräten, Trachten, Kunsthandwerk und Religion der Minderheiten Vietnams, viele Modellbauten draußen. *Di–So 8.30–17.30 Uhr | Eintritt ca. 2 Euro | Nguyen Van Huyen, am nördlichen Stadtrand auf dem Weg zum Flughafen (Fahrzeit 25 Minuten) | www.vme.org.vn*

HO-CHI-MINH-HAUS (142 A2) (🗺 0)
An dem hölzernen Wohnhaus, das Ho Chi Minh von 1958 bis zu seinem Tod 1969 bewohnte, stehen die Besucher meistens Schlange. So sind die Einblicke in

das spartanisch eingerichtete Arbeitszimmer, das nicht minder sparsam ausgestattete Schlafzimmer und den kleinen Teich, an dem „Bac Ho" (Onkel Ho) oftmals sinnierte, zeitlich begrenzt. *Tgl. 8–11, 13.30–16 Uhr | Eintritt ca. 1 Euro | Ba-Dinh-Platz | neben dem Präsidentenpalast (im Park)*

HO-CHI-MINH-MAUSOLEUM
(142 A2) *(⬜ 0)*
Mächtig wirken die Quadersteine des Totenhauses von Ho Chi Minh, das 1973–75 aus schwarzem, rotem und grauem Marmor errichtet wurde. Schweigend und zumeist in einer langen Besucherschlange defiliert man vorbei am Glassarkophag mit den sterblichen Überresten des großen Revolutionärs. Auf dem ● *Ba-Dinh-Platz* vor dem Mausoleum hatte Ho Chi Minh am 2. September 1945 die Unabhängigkeit Vietnams erklärt. Morgens um 6 Uhr wird mit militärischem Pomp die Fahne gehisst, abends um 21 Uhr wird sie wieder eingeholt. *April–Anfang Sept. Di–Do 7.30–10.30, Sa, So 7.30–11 Uhr, Anfang Dez.–März Di–Do 8–11, Sa, So 8–11.30 Uhr (Anfang Sept.–Anfang Dez. meist geschl.) | ● Eintritt frei | kein Einlass in Shorts, Miniröcken und Trägerhemdchen; Kameras sind abzugeben*

HO-CHI-MINH-MUSEUM
(142 A3) *(⬜ 0)*
Hier haben russische und vietnamesische Künstler gemeinsam Ausstellungen konzipiert, die nicht nur die Person Ho Chi Minhs mit zahlreichen Fotos, Handschriften, Artikeln und Memorabilien in der Abteilung „Vergangenheit" würdigen. Im 2. Stock ballen sich, unter dem Titel „Zukunft", Kitsch und Kunst. Das Museum wurde 1990 zum 100. Geburtstag Ho Chi Minhs eröffnet. *Mo, Fr 8–12, sonst 8–16 Uhr | Eintritt frei | 19 Ngoc Ha*

HO HOAN KIEM ⭐ **(143 D3–4)** *(⬜ 0)*
Am „See des zurückgegebenen Schwertes" soll der Held Le Loi im 15. Jh. ein mächtiges Schwert von einer goldenen Schildkröte aus dem See erhalten haben, um damit die chinesischen Besatzer zu vertreiben. Als ihm dies gelungen war, fuhr das magische Schwert von selbst aus der Scheide und kehrte zu der Schildkröte zurück. Zum Dank entstand der *Thap Rua,* der Schildkrötenturm, auf einer Insel mitten im See. ● Der See ist allmorgendlich gegen 5 bis 7 Uhr Treffpunkt der Sportler bei Jogging, Tai-Chi, Gymnastik und Aerobics. Hier können auch Sie kostenlos mitmachen. Abends sind Hip-Hop und Breakdance angesagt.

INSIDER TIPP ▶ RÖHRENHAUS IN DER MA MAY STREET **(143 D3)** *(⬜ 0)*
Ein Holzhaus aus dem 19. Jh. konnte sich behaupten. Es wurde restauriert und für Besucher geöffnet – als typisches Beispiel für diese Art der schmalen, engen „Röhrenhäuser". Man zieht die Filzpantoffeln an und staunt: beispielsweise über die fein geschnitzten Flügeltüren, die Ziegelgravuren, die ein langes Leben verheißen, und ein wunderschönes antikes Bett mit Perlmuttverzierungen im oberen Stockwerk. *Tgl. 8–12, 13.30–17 Uhr | Eintritt ca. 0,50 Euro | 87 Ma May*

VAN MIEU ⭐ ● **(142 B4)** *(⬜ 0)*
Den Literaturtempel Van Mieu ließ Ly Thanh Tong, der dritte Herrscher der Ly-Dynastie, im Jahr 1070 zu Ehren des Konfuzius errichten. Nur sechs Jahre später gründete sein Nachfolger Ly Nhan Tong in einem Nebengebäude die erste Universität Vietnams: Quoc Tu Giam, das „Institut der Söhne des Staates". Die 70 mal 350 m große Anlage des Van Mieu besteht aus einer strengen Abfolge von Toren und Höfen, die dem Heiligtum des Konfuzius vorgelagert sind. Symbolisch

für vier Prüfungen, die man bis zur Erlangung der Himmlischen Klarheit bestehen muss, passiert man nacheinander vier Tore.

Der Weg beginnt an der Straße Quoc Tu Giam, von wo aus man durch das *Van-Mieu-Portal* in den Vorhof gelangt. Der gepflasterte Weg führt auf das Tor *Dai Trung* zu, das „Tor der Großen Mitte", und weiter zum Tor *Khue Van Cac:* Die „Plejadenpforte", ein 1805 erbauter Pavillon, erhielt ihren Namen nach der für die Gelehrten bedeutenden Sternenkonstellation. Hier fanden literarische Debatten und Dichterlesungen statt. Im dahinterliegenden Hof scharen sich steinerne Schildkröten, Symbole der Weisheit, um den *Thien Quang Tinh,* den „Brunnen der Himmlischen Klarheit". Sie tragen 82 Stelen aus den Jahren 1442–1779 mit den Namen der erfolgreichen Absolventen der konfuzianischen Akademie.

Durch das Tor *Dai Thanh* („Großer Erfolg") betritt man den vierten, wichtigsten Hof mit den Tempelgebäuden und der Zeremonienhalle zu Ehren der 72 weisesten Schüler des Konfuzius. Dahinter liegt der fünfte und letzte Hof, *Thai Hoc* – hier befinden sich ein Museum und im 2. Stock Altäre mit Statuen der drei Könige Ly Nhan Tong, Ly Thanh Tong und Le Thanh Tong. *Tgl. 7.30–17.30 Uhr | Eintritt ca. 1 Euro*

ZITADELLE (142 B–C 2–3) (🗺 O)

Gut 50 Jahre lang war sie militärisches Sperrgebiet, nun sind ihre ersten rekonstruierten Teile wieder für Besucher zugänglich. Kaiser Gia Long hatte die Zitadelle 1802–12 nach Plänen französischer Festungsbaumeister errichten lassen. So war es 1872 für die Franzosen nicht schwer, das Bollwerk zu erobern und großteils zu zerstören. Über das Zentraltor *Doan Mon (19c Hoang Dieu)* auf Höhe des Ho-Chi-Minh-Mausoleums gelangen Besucher ins Innere der Zitadelle. *Di–So 8.30–11.30, 14–17 Uhr | Eintritt ca. 1,50 Euro*

Hort konfuzianischer Gelehrsamkeit: Literaturtempel Van Mieu

ESSEN & TRINKEN

Gute Garküchen gibt es am Westrand der Altstadt in den Gassen *Tong Duy Tan* und *Cam Chi*, ca. 500 m nordöstlich des Bahnhofs. Außerhalb der Altstadt bieten beispielsweise in der *Le Van Huu* (143 D–E5) (*m 0*) viele Garküchen und Pho-Suppenstände ihre Speisen an.

LE BON CAFÉ (143 E4) (*m 0*)

Das schöne Gartenlokal mit großem Innenraum wartet mit internationalen Gerichten, Frühstücksbuffet und Barbecue auf. Die Bedienung ist professionell und freundlich-flink. Den Wein gibt's leider nur flaschenweise. Außerdem: Livemusik ab 21 Uhr. *1 Pham Ngu Lao | Tel. 04 39 33 58 11 | lebon.net.vn | €€*

CAFÉ BAR NOLA (143 D3) (*m 0*)

Auf drei Etagen im Hinterhof verstecktes Kunstcafé mit Dachterrasse: Hier lässt es sich entspannen bei gutem Kaffee, Wein und Cocktails. Ein paar Snacks und einfache Gerichte sowie WLAN gibt es auch. *89 Ma May | Tel. 04 39 26 46 69 | Tel. mobil 0169 6 08 41 95 | €*

DAC KIM (142 C3) (*m 0*)

Eine der ganz guten Hanoier Minigarküchen – mit *bun cha* (Schweinefleischbulettchen mit Reisnudeln) und den köstlichen *nem* (Frühlingsrollen). *1 Hang Manh | €*

FOODSHOP 45 (142 B1) (*m 0*)

Abseits jeglichen Trubels, am idyllischen **INSIDER TIPP** Truc-Bach-See – ein Ort, an dem man tatsächlich noch in Ruhe spazieren gehen kann –, gibt es bei den Brüdern Hue und Cuong das beste indische Essen im Norden Vietnams: in relaxter Atmosphäre mit Blick auf den Sonnenuntergang. *59 Truc Bach | nahe Westsee | Tel. 04 37 16 29 59 | foodshop45.com | €*

HIGHWAY 4 (143 D3) (*m 0*)

Cafébar mit den besten selbst gebrannten Schnäpsen in ganz Vietnam. Wunderbare nordvietnamesische Küche, auch Spezialitäten der Bergvölker, Kochkurse. Mehrere Filialen. *5 Hang Tre | Tel. 04 39 26 42 00 | www.highway4.com | €€*

INDOCHINE (143 D6) (*m 0*)

Preisgekrönte vietnamesische Küche in elegantem Ambiente bei traditioneller Musikbegleitung. Mittags viele Tourgruppen. *Thi Sach 38 | Tel. 04 39 42 40 97 | www.indochinehanoi.com | €€€*

SAWADEE (142 C4) (*m 0*)

Hervorragendes kleines Thai-Lokal mit Leckereien aus dem Nachbarland. Man speist auf zwei Etagen, oben auf einer kleinen Veranda. *52a Ly Thuong Kiet | Tel. 04 39 34 55 89 | €€*

INSIDER TIPP TRA CHANH HOLLYWOOD (143 C3) (*m 0*)

Sehr klein und unscheinbar, aber nett: Auf zwei Etagen (Loungebar mit Balkon im 1. Stock) kann man beim Eiskaffee und kleinen Snacks vom Altstadtbummel verschnaufen. *12 Hang Hanh | €*

LA VERTICALE (143 D5) (*m 0*)

Fünfsternekoch Didier Corlou zaubert hier seine angesagten Kreationen. *19 Ngo Van So | Tel. 04 39 44 63 17 | www.verticale-hanoi.com | €€€*

EINKAUFEN

In den *Altstadtstraßen* Hang Gai, Hang Bong und Hang Trong gibt es viele Schneider und Seidenwaren, in der Hang Gai und Hang Bom auch Galerien und Kunsthandwerk, rund um die St.-Josephs-Kathedrale, in der Na Tho und Hang Trong eher teure Boutiquen, in der Luong Van Can locken maßgeschneiderte

Ao-Dai-Kleider. Nicht zu vergessen: Hang Bac (Silberwaren, Schmuck, Propagandaposter und Kunsthandwerk der Bergvölker), Lan Ong (Kräuterapotheken) und Hang Buom (Süßigkeiten).

LA BOUTIQUE (142 C4) (*Ø 0*)

Hier können Sie hochwertige, teils recht originell bemalte Seidenstoffe und modische Kleidung aus Seide erstehen. *6 Na Tho | nahe der St.-Josephs-Kathedrale*

ist auf trendige Propagandaposter spezialisiert. *62 Hang Buom*

Organisierte Ausflüge und Touren in die Umgebung können Sie buchen bei: *Hanoi-Kultour (143 B3) (Ø 0) (56–58 Nguyen Thai Hoc | im Goethe-Institut | Tel. 04 37 34 99 32 | Tel. mobil 090 4 14 62 40 | www.hanoikultour.com):*

Rot ist die Farbe des Glücks: bunte Souvenirs in der Altstadt von Hanoi

CRAFT LINK UND HOA SEN GALLERY ⊘ (142 B4) (*Ø 0*)

Kunsthandwerk (vor allem Webarbeiten der Bergvölker) und schöne Souvenirs. Die Verkaufserlöse gehen an Projekte zugunsten der Minoritäten und Hanoier Straßenkinder. *43–51 Van Mieu | Nähe Literaturtempel | www.craftlink.com.vn*

DONG-XUAN-MARKT ●
(142 C2) (*Ø 0*)

Auf dem riesigen Markt mit Markthalle können Sie Hüte, Obst oder auch Karaokeanlagen erstehen – bis Mitternacht!

HANOI GALLERY (143 D3) (*Ø 0*)

Kunterbunte Galerien gibt es in der Hanoier Altstadt an jeder Ecke, diese hier

Thematische Spaziergänge mit deutschen Insidern (auch in Saigon). *Ocean Tours (143 D3) (Ø 0) (22 Hang Bac | Tel. 04 39 26 04 63 | www.oceantours.com.vn):* Zuverlässiger Veranstalter für Touren in den Norden. *Todeco (142 C2–3) (Ø 0) (91a/5 Ly Nam De | Tel. 04 62 68 01 95 | Tel. mobil 090 3 27 70 82 | www.todeco-vn.com):* Individuelle Reisen, deutschsprachige Reiseleitung.

Ein Trend: Man mischt sich unters Volk in den *bia hoi*-Kneipen – hier gibt's vietnamesisches Bier für nicht mal 50 Cent – und beobachtet das wuselige Altstadttreiben.

BINH MINH'S JAZZ CLUB
(143 E4) (*ω 0*)
Barbesitzer Minh unterricht Saxofon am Konservatorium in Hanoi – hier darf man sich auf feinsten Livejazz (tgl. ab 21 Uhr) freuen. *1 Trang Tien | www.minhjazzvietnam.com*

HANOI ROCK CITY (0) (*ω 0*)
Konzerthalle, Bar und Biergarten: Di immer Jazz, meist am Wochenende von Punk bis Hip-Hop alles, was in die Beine geht, los geht's so ab 22 Uhr (bis dahin freier Eintritt). *27/52 To Ngoc Van | Tay-Ho-Bezirk | www.hanoirockcity.com*

INSIDER TIPP ▶ MOJITO BAR & LOUNGE
(142 C3) (*ω 0*)
Cool und originell: Spezialität sind der Pho-Cocktail und andere Kunststücke der Barkeeper, die hier natürlich *mixologists* heißen. *19 Nguyen Quang Bich*

OPERNHAUS (143 E4) (*ω 0*)
Auf dem Programm stehen klassische Konzerte, Theateraufführungen (oft auf Vietnamesisch) und Tanzdarbietungen. Aktuelle Spielpläne finden Sie z. B. in „Vietnam News". *Karten ab ca. 3 Euro | 1 Trang Tien | Tel. Oper 04 38 25 43 12 | Tel. Theater 04 39 33 01 13*

WASSERPUPPENTHEATER
(143 D3) (*ω 0*)
Elf Spieler bewegen die Puppen zur Musik von Holzflöten, Gongs, Trommeln und der einsaitigen Kastenzither *dan bau*. Auch wer die Sprache nicht beherrscht, begreift die Szenen schnell: Man sieht den Kampf eines Fischers mit seiner Beute, hört den Reis wachsen, erlebt die rasante Entenjagd eines Jaguars und begegnet Feuer speienden Drachen. Die Vorstellungen dauern eine gute Stunde. *Thang-Long-Wasserpuppentheater | tgl. fünf Shows 15–20 Uhr | Eintritt ca. 2,50–* *4,50 Euro (Karten frühzeitig kaufen) | 57b Dinh Tien Doang | Tel. 04 39 36 43 35 | www.thanglongwaterpuppet.org | auch im Hanoi Water Park (Lac Long Can 614 | West Lake) (0) (*ω 0*)*

ÜBERNACHTEN

INSIDER TIPP ▶ GREEN MANGO
(142 C3) (*ω 0*)
Trendiges Boutiquehotel in der Altstadt, wo das Ehepaar Nguyen liebevoll seine Gäste beherbergt: auf fünf Etagen (kein Lift) in stylishen Zimmern mit Parkettboden, großen Bädern (Jacuzzi in der *Sweet*) und frischem Obst. Reservieren! Das Restaurant (€€€), eines der besten Altstadtlokale, kreiert Asian-Nouvelle-Küche. *15 Zi. | 18 Hang Quat | Tel. 04 39 28 99 16 | www.greenmango.vn | €€*

INSIDER TIPP ▶ HANOI BOUTIQUE HOTEL 1 (142–143 C–D2) (*ω 0*)
Moderne Zimmer mit Parkettboden und Suiten mit Flat-TV, teils etwas klein und ein bisschen plüschig im Fifties-Stil. ☆ Zimmer 704 im 7. Stock ist ein sehr schönes ruhiges Deluxe-Zimmer mit Aussicht. Französisch-vietnamesisches Lokal. *56 Zi. | 7 Ngo Gach | Tel. 04 39 33 22 88 | www.hanoiboutiquehotel.vn | €–€€*

HANOI LEGACY (143 D3) (*ω 0*)
Römisch-neoklassizistisch angehauchtes Minihotel in der Altstadt mit preiswerten Zimmern und sogar Fahrstuhl. *25 Zi. | 108 Hang Bac | Tel. 04 39 35 26 62 | www.hanoilegacyhotel.com | €€*

LUCKY 2 HOTEL (142 C3) (*ω 0*)
Die in vietnamesischem Stil möblierten Zimmer verfügen über Satelliten-TV und Telefon. Ein weiteres Lucky-Hotel finden Sie in der *Hang Trong Nr. 12. 22 Zi. | 46 Hang Hom | Tel. 04 39 28 81 70 | luckyhotel.com.vn | €€*

SOFITEL LEGEND METROPOLE
(143 D4) *(ⓘ 0)*

Das beste Haus am Platz. Wer den Charme der Kolonialzeit genießen will, nächtigt im renovierten alten Flügel. Der *Opera Wing* von 1996 ist komfortabler, hat aber weniger Flair. Das ● Schokoladenbuffet am Nachmittag ist überwältigend. *364 Zi. | 15 Ngo Quyen | Tel. 04 38 26 69 19 | www.accorhotels.com | €€€*

TAM HOTEL **(142 B1)** *(ⓘ 0)*

Das kleine Hotel liegt in einem wundervoll ruhigen Wohngebiet am Truc-Bach-See. Hübsche, große Zimmer mit Laminatboden und Balkon, Dachbar sowie eigene professionelle Reiseagentur. *25 Zi. | 3–5 Tran Te Xuong | Tel. 04 37 15 40 69 | www.tamhotel.com.vn | €€*

WIN HOTEL **(142 C3)** *(ⓘ 0)*

In einer wunderschönen, baumbestandenen und ruhigen Gasse: Schnäppchenzimmer mit altmodischen Holzmöbeln auf fünf Etagen (Fahrstuhl) bei freundlichen Gastgebern. Nach vorn raus wohnt man besser, mit Balkon und modernen Bädern. *11 Zi. | 34 Hang Hanh | Tel. 04 38 26 71 50 | www.winhotel.com.vn | €*

AUSKUNFT

TIC (Tourist Information Center) **(143 D3)** *(ⓘ 0)* *(7 Dinh Tien Hoang | nahe Hoan-Kiem-See | Tel. 04 39 26 33 66 und 39 36 33 69)*

ZIELE IN DER UMGEBUNG

CHUA THAY UND CHUA TAY PHUONG ⭐ **(137 D3)** *(ⓘ E3)*

In einer fruchtbaren Reislandschaft, ca. 40 km westlich von Hanoi, liegen nur wenige Kilometer voneinander entfernt diese beiden wunderschönen Pagoden *(Eintritt je ca. 1 Euro)*. Die 🌿 *Tay-Phuong-Pagode* nahe dem Dorf Thach Xa erhebt sich auf einem 50 m hohen Hügel, auf den rund 260 Stufen hinaufführen. Die drei Gebäude aus Eisenholz haben geschwungene Dächer und sind mit allerlei Drachen, den Fabeltieren Einhorn und Phönix sowie mit Schildkröten verziert. Zu sehen sind auch die wertvollen Statuen der 18 La Han oder „Erleuchteten": 62 filigrane Figuren, meisterhaft geschnitzt aus dem beständigen Holz des Jackfruitbaums. Idyllisch liegt *Chua Thay*, die von Tempeln und Pavillons gesäumte „Pagode des Meisters", am Long-Tri-See beim Dorf Sai Son zu Füßen eines Kalkbergs. Sie ist dem Wunderheiler und Zauberer Tu Dao gewidmet, der sich im 12. Jh. auf den Berg zurückzog, um zu meditieren und dann die Lehre Buddhas zu verbreiten. Tu Dao gilt auch als Schutzpatron der Wasserpuppenspieler.

CUC-PHUONG-NATIONALPARK
(137 D4) *(ⓘ E3)*

Der ca. 120 km südwestlich von Hanoi gelegene, knapp 250 km² umfassende Cuc Phuong ist der größte Dschungelpark Vietnams. Hier gibt es 1000 Jahre alte Baumriesen, Eichhörnchen, über 320 Vogelarten und zahllose Schmetterlinge. Bis zu 600 m hoch ragen die Felsen empor. Zehn Trekkingrouten führen durch dieses einzigartige Urwaldgebiet. Hier wurde 1987 der für ausgestorben gehaltene Delacour-Langur wiederdeckt, der jetzt in einem kleinen *Affenzentrum (Endangered Primate Rescue Center) (tgl. 9–11, 13.30–16 Uhr | www. primatecenter.org)* gezüchtet wird. Im Park befinden sich Hotels, Bungalows, ein Campingplatz und Restaurants (an Wochenenden voll!). Beste Zeiten für einen Besuch sind Oktober bis Dezember und März/April. Einige Kilometer vor dem Parkeingang bietet das *Cuc Phuong Resort & Spa (70 Zi. | Dong Tam | Tel. 030*

3 84 88 88 | cucphuongresort.vn | €€–
€€€) rustikale Doppelbungalows und
Pool. *Eintritt (mit Führer für das Primate*
Center) ca. 3 Euro | Tel. 030 3 84 80 06 |
www.cucphuongtourism.com | weitere In-
fos: www.wgfa.de/projekte/cpnp.html

HOA BINH UND HUONG TICH SON
(137 D3–4) (𝄢 E3)

Der unscheinbaren Provinzhauptstadt
Hoa Binh (am Fluss Song Da und am
Stausee Ho Song Da) ca. 75 km südwestlich von Hanoi merkt man nicht an, dass
sich ganz in ihrer Nähe eine der wichtigsten Wallfahrtsstätten des Landes befindet: die *Parfümpagode (Chua Huong)*.
Die meisten (einheimischen) Touristen
kommen hierher, um eines der Dörfer
des Muong-Bergvolks, wie *Ban Dam* oder
Giang Mo, zu sehen und über die kunstvollen Langhäuser auf Pfählen zu stau-
nen. Auch im *Mai-Chau-Tal* der Weißen
und Schwarzen Thai kann man die Bergvölker besuchen (idealerweise mit einem
Guide, Kosten bis rund 10 Euro).
Im ⭐ *Huong Tich Son* (Berg der duften-
den Spuren), inmitten der prachtvollen
Karstlandschaft, liegt die *Huong-Tich-
Höhle* – sie birgt die berühmte Parfümpagode. Die Pagode, errichtet zu Ehren
der Barmherzigkeitsgöttin Quan Am, ist
auf einer Bootsfahrt zu erreichen (am
besten als Tagestour von Hanoi aus,
Kosten ab ca. 13 Euro). Die Tempel und
Schreine ziehen vor allem zu Neujahrsfes-
ten, im März und April sowie an Wochenenden Tausende Pilger an. Eine moderne
Seilbahn bringt die Besucher zur Tempel-
grotte auf dem Berg – die Alternative zu
dem anstrengenden, etwa zweistündigen Aufstieg (mit festen Schuhen!).

TROCKENE HA-LONG-BUCHT ⭐
(137 D4) (𝄢 E4)

Aus dem dunklen Grün der Umgebung
ragen bewaldete Kegel, Felsspitzen und
Bergrücken abrupt und scheinbar ohne
Sockel empor: Kein Wunder, dass sich
diese sagenhafte, rund 90 km südlich
von Hanoi gelegene Turmkarstlandschaft
schnell zu einer touristischen Attraktion
entwickelte. Die im Lauf von Jahrmillio-
nen entstandenen Kalksteinformationen

Delacour-Langur im
Cuc-Phuong-Nationalpark

nehmen es an Schönheit mit der Ha-
Long-Bucht auf – mit dem Unterschied,
dass das Wasser fehlt. Im Herzen der
spektakulären Landschaft liegt die Provinzhauptstadt *Ninh Binh* (53 000 Ew.).
Früher glich sie eher einem beschauli-
chen Dorf, doch das hat sich geändert,
seit vor allem Individualreisende die Gegend entdeckt haben. Sehr beliebt ist der
kleine Ort *Tam Coc (Eintritt ca. 3,50 Euro |
10 km westlich von Ninh Binh),* wo Boote für Touren *(Boot für vier Personen ca.
4 Euro pro Person)* ablegen. Im *Nguyen*

Shack (5 Zi. | Tam Coc | im Dorf Khe Ha | Tel. 030 3 61 86 78 | www.nguyenshack. com | €) wohnt man in einem atemberaubenden Talkessel am See in palmstrohgedeckten Hütten (Hängematte, Open-Air-Bad). Für gehobene Ansprüche: das *Emeralda Ninh Binh (172 Zi., teils Privatpool | Van Long Reserve | Gia Van | Tel.*

Landhäuser und eine Kirche zeugen von der Kolonialepoche.

Obwohl Sa Pa (38 000 Ew.) so abgelegen und der kälteste und nebligste Ort in Vietnam ist (beste Reisezeit: September bis November), hat es sich zu einem trubeligen und an Wochenenden regelrecht überlaufenen Touristenort entwickelt.

Das Bergland in der Umgebung von Sa Pa ist zum Wandern wie geschaffen

030 3 65 82 33 | www.emeraldaresort. com | €€€), das wie ein alter Tempel in den Reisfeldern liegt. *Auskunft in den Hotels und am Eingangstor in Tam Coc*

SA PA

(136 B2) *(⌖ C2)* ⭐ **Sa Pa wurde von den Franzosen vor rund 100 Jahren als Luftkurort mit Militärsanatorium ausgebaut. Hübsche Villen, burgähnliche**

Das Städtchen verteilt sich in hügeliger Lage auf einer Höhe von 1560 m zu Füßen des oft von Wolken verhüllten Bergs Fan Si Pan (Phan Si Pang) und der Alpenkulisse der Hoang-Lien-Son-Kette. Attraktionen sind vor allem die herrliche Berglandschaft und die Bergvölker mit ihren bunten Trachten. Zu den Traditionen der Bergvölker gehören das Bauen von Pfahlhäusern, der Glaube an Naturgeister, das Betelnusskauen, das Schwärzen der Zähne und das Rasieren der Augenbrauen.

Nicht alle tragen heute noch ihre farben-prächtigen, bestickten Trachten und den schweren Silberschmuck – meist nur die Frauen, oft nur an Festtagen.

Anreisen kann man mit Bussen ab Hanoi (in 5–6 Stunden) oder über Lao Cai (37 km nordöstlich von Sa Pa), zu erreichen auf der 1922 verlegten Bahnstrecke z. B. mit dem eleganten `INSIDER TIPP` ▸ *Victoria Express (nur für Gäste des Victoria Sapa | Dauer 8–9 Stunden | Rückfahrticket ab ca. 120 Euro | www.victoriahotels-asia.com).* Es verkehren auch täglich normale Züge. Weiter nach Sa Pa fahren öffentliche Busse und Touristenbusse.

SEHENSWERTES

BERGDÖRFER UND WASSERFÄLLE

Einfache Wanderungen über Hänge-brücken und durch terrassierte Reisfelder führen ins Umland, z. B. zu dem in einem Bambuswald herabrauschenden *Cat-Cat-Wasserfall (Eintritt ca. 3,50 Euro | ca. 3 km westlich)* und zum „Silberwasserfall" *Thac Bac (ca. 10 km westlich),* der aus etwa 100 m Höhe in drei Absätzen herabfällt. Auf den Wanderungen durchquert man die Dörfer der Bergvölker, wo man auch übernachten kann – z. B. in *Ta Phin* (Dorf der Roten Dao) –, oder man spaziert durch das schöne Ta-Van-Flusstal bis ins Dorf *Ta Van.* Im nahe gelegenen und daher viel besuchten Dorf *Cat Cat* kann man den Hmong-Frauen beim Weben und Sticken zuschauen. Blaue Röcke und turbanartige Kopfbedeckung sind charakteristisch für die Hmong-Kleidung, die noch selbst hergestellt und mit Indigo gefärbt wird.

MÄRKTE

Der *Sapa Market (tgl. 7–18 Uhr | Dien Bien Phu | oberhalb des Sa-Pa-Sees)* ist in eine zweistöckige Markthalle umgezogen (1. Stock: viele Textilien und Silber-schmuck). Auch in der Umgebung gibt es bunte Märkte, auf denen sich die Angehörigen der Bergvölker treffen. Vorwiegend Frauen und junge Mädchen der Schwarzen Hmong tummeln sich in den Straßen von Sa Pa und versuchen, ihre handgestickten Waren an die Touristen zu verkaufen: mit geschäftstüchtiger Taktik und sehr gutem Englisch und Französisch.

ESSEN & TRINKEN

THE HILL STATION SIGNATURE RESTAURANT 🌿

Wie wäre es mit getrocknetem Wasser-büffel mit Chili oder gebratenem Bambus als kleinem Snack? Man sitzt wahlweise auf dem Boden oder auf einem Stuhl und genießt ethnische Küche aus Nordvietnam und das tolle Bergpanorama. *37 Phan Si Phan | Tel. 020 3 88 71 11 | www.thehillstation.com | €€€*

NATURE BAR & GRILL ●

Gut vietnamesisch speisen (vom Grill, Vegetarisches und ein bisschen italienisch angehaucht), an einer wärmenden Feuerstelle bei einem Bier, Cocktail oder Glühwein – an einem kalten Winterabend genau die richtige Adresse. *24 Cau May, 2. Stock | Tel. 020 3 87 20 94 | €€*

TA VAN BAR 🌿

Tolles Panorama im 4. Stock des Chaulong Sapa Hotel bei guter Auswahl an Getränken und Cocktails. *24 Dong Loi*

FREIZEIT & SPORT

Der mit 3143 m höchste Berg in Vietnam, der *Fan Si Pan (Phan Si Pang),* gilt als das „Dach Indochinas". Er liegt im Norden des *Hoang-Lien-Son-Naturreservats,* das vor allem für seinen Vogelreichtum bekannt ist. Trekkingurlauber können den Gipfel auf zwei- bis dreitägigen Touren erobern, was jedoch wegen der teils überwucherten Wege über morsche Bambusbrücken und des feuchtkalten Klimas nur erfahrenen Bergsteigern, nur mit Träger und Zeltausrüstung zu empfehlen ist. Die besten Zeiten für den Aufstieg auf dem 14 km langen und stellenweise sehr steilen Pfad sind Mitte Oktober bis Mitte November und Ende Februar/März bis April, wenn Orchideen und Rhododendren blühen.

ÜBERNACHTEN

BAMBOO SAPA ☆

Komfortable Zimmer (teilweise mit Balkon und Deko-Kamin inklusive Bergpanorama) bietet das fünfstöckige Hotel, das auch ein gutes Reisebüro hat. *56 Zi. | 18 Muong Hoa | Tel. 020 3 871075 | www.bamboosapahotel.com.vn | €€*

SAPA HOUSE ☆

Beheizte Betten und Elektrokamin hält diese kleine Familienherberge bereit – mit großen Parkettzimmern, modernen Bädern und tollem Bergblick. Steil gelegen am oberen Stadtrand, zehn Minuten Spaziergang ins Zentrum. *13 Zi. | 3a Thac Bac | Tel. 020 3 772288 | booking@ sapahouse.com | €*

THAI BINH SAPA

Nettes, familiäres Hotel, ein wenig am Stadtrand, dafür ruhig und warm (Heizdecken, Kaminfeuer). Touren und Guides.

BÜCHER & FILME

Das schwarze Pulver von Meister Hou – (2010) Ein Kriminalroman der Schwestern Tran-Nhut: Mandarin Tan muss geisterhafte Fälle lösen – eine spannende Zeitreise ins 17. Jh.

Sonntagsmenü – (2005) In ironisch-kritischen Geschichten aus der Sicht einer jungen Vietnamesin erzählt Pham Thi Hoai vom Alltag in Hanoi

Das Mädchen hinter dem Foto – (2001) Spannende Beschreibung des Lebens der napalmverbrannten Kim Phuc, des Kriegs und der schweren Zeit danach. Von Denise Chong

Der stille Amerikaner – Jüngste Verfilmung (2002) des Klassikers von Graham Greene (Regie: Phillip Noyce). Während des Indochinakriegs konkurriert der britische Korrespondent Thomas Fowler mit einem mysteriösen Amerikaner um seine schöne Geliebte Phuong. Teils in Hoi An gedreht

Good morning Vietnam – Der Film von 1978 zeigt die Absurdität des Kriegs. In der Hauptrolle: Robin Williams als DJ bei einem amerikanischen Militärsender in Saigon; Regie: Barry Levinson

Apocalypse Now – Oscargekröntes Meisterwerk (1979) über den Vietnamkrieg (Regie: Francis Ford Coppola). Unvergessen: Marlon Brando als durchgeknallter Colonel Kurtz

Der Liebhaber – Roman von Marguerite Duras, die im damaligen Indochina geboren wurde. Verfilmt (1991) von Jean-Jacques Annaud als Erotikstory einer 15-jährigen Französin und eines älteren, reichen Vietnamesen

Grün, blau, rot, violett: traditionelle Kleidung auf dem Markt von Bac Ha

14 Zi. | 5 Ham Rong | Tel. 020 3 87 12 12 | www.thaibinhhotel.com | €

TOPAS ECOLODGE 🌿 🌐
Viele Naturmaterialien, Solarenergie und Abwasseraufbereitung: Das dänisch-vietnamesische Hotel beherbergt seine Gäste in traumhafter Lage in rustikal-komfortablen Bergchalets mit super Panorama, quasi über den Wolken. 25 Zi. | 24 Muong Hoa | Thanh Kim (ca. 15 km südöstlich von Sa Pa, 45 Minuten auf Schotterpiste) | Tel. 020 3 87 13 31 | www.topasecolodge. com | €€€

VICTORIA SAPA 🌿
Das beste First-Class-Hotel, im rustikalen Chaletstil, finden Sie am Stadtrand. Die Zimmer, zum Teil auch mit Himmelbett und Balkon, sind behaglich. Darüber hinaus gibt es einen Tennisplatz, Badminton und einen beheizten Innenpool. 76 Zi. | Tel. 020 3 87 15 22 | www.victoriahotels. asia | €€€

AUSKUNFT

Sapa Tourism (2 Phan Xi Pan | etwas außerhalb Richtung Cat-Cat-Wasserfall | Tel. 020 3 87 19 75 | www.sapa-tourism.com)

ZIEL IN DER UMGEBUNG

BAC HA (136 C1) (𝄞 D2)
Der kleine Ort (3000 Ew.) liegt etwa 100 km nordöstlich von Sa Pa in 900 m Höhe. Die Gegend ist bekannt für ihre Tam-Hoa-Pflaumen: Im Frühling bedecken die weißen Blüten der Obstbäume die Landschaft. Ein besonders bunter Markt, ein Farbenmeer aus Grün, Blau, Rot und Violett, zieht sonntags die Touristen an. Mittlerweile sollen es sogar mehr Besucher als in Sa Pa sein – ein regelrechter Ethnorummel. Alle wollen die „Blumen-Hmong" (Hmong Hoa) sehen und fotografieren, die wegen ihrer farbenprächtigen Kleidung mit Blumenmotiven so genannt werden.

HUE UND DIE MITTE

Das Zentrum Vietnams rund um den Badeort Da Nang lockt gleich mit drei bedeutenden historischen Stätten: Neben der alten Kaiserstadt Hue liegen hier auch die verwunschenen Ruinen des Champa-Herrschaftssitzes in My Son (4.–13. Jh.) und das chinesisch geprägte Marktstädtchen Hoi An, das ab dem 17. Jh. ein international bedeutender Hafen am Südchinesischen Meer war.

Die meisten Besucher zieht zweifellos Hue an. Die Stadt begeistert mit ihrer kaiserlichen Zitadelle am Song Huong, dem „Parfümfluss", und den imposanten Kaisergräbern.

Eine lange Tradition haben die vielen Handwerksdörfer in der Umgebung von Hue: Unter der Nguyen-Dynastie im 19. Jh. erlebte das Kunsthandwerk seine höchste Blüte. Viele Dörfer verdienten sich ihren Lebensunterhalt mit Malereien, Webereien, Keramiken oder Silberschmiedearbeiten, die zur dekorativen Ausschmückung der Paläste, Grabmäler und Pagoden dienten.

Immer in Sichtweite in Vietnams Mitte: das Truong-Son-Gebirge, das sich 1000 km parallel zur Küste nach Süden zieht – nirgendwo liegen die Berge so nah am Meer wie dort, wo die Bach-Ma-Bergkette als Wetterscheide den subtropischen Norden vom tropischen Süden trennt. Wenn sich die Region um Hue einmal wieder als die regenreichste in Vietnam bestätigen sollte, dann weicht man einfach ins südlichere (meist sonnige) Da Nang aus. Die Hafenstadt ist berühmt für ihre Strände wie den China

Beach und für das hervorragende Cham-Museum, das Einblicke in die alte Hochkultur gibt. In den herrlichen Marmorbergen oberhalb Da Nangs hatten sich im Vietnamkrieg die Guerillakämpfer des Vietcong oberhalb der US-Militärkasernen versteckt und die Amerikaner das Fürchten gelehrt.

Ein Drittel der Bewohner von Hoi An sind noch immer Chinesen, und so herrscht auch heute noch emsiger Handel und Wandel, etwa auf den Märkten. Die engen Straßen im alten Stadtkern sind von einstöckigen chinesischen Handelshäuschen mit Kolonnaden in allen Bonbonfarben, von Pagoden und Tempeln gesäumt. Neuerdings gehören zur Kulisse auch immer mehr Galerien, Souvenirläden, Schneidereien, Bars und Cafés.

An der Grenze zu Südvietnam weitet sich das Hochland nach Westen aus. Als letzter Außenposten Mittelvietnams ist Da Lat dank seiner Lage auf der Höhe von 1500 m eine „Stadt des ewigen Frühlings", die sich vor allem bei Hochzeitspaaren großer Beliebtheit erfreut.

Aus dem Hochland kommen die besten Bohnen: Kaffeeernte in Buon Ma Thuot

BUON MA THUOT

(141 E1) *(📖 G10)* **Es ist der 200 000-Ein-wohner-Stadt Buon Ma Thuot anzumer-ken, dass sie 1910 aus einem französi-schen Militärposten entstand.**
Rund um das ziemlich eindeutig aus-zumachende Zentrum scharen sich die rechtwinklig angelegten Straßen. Aus den Tagen, als die Franzosen hier im küh-len Hochland, gut 500 m über Meeres-höhe, ihren Sommerurlaub verbrachten, haben sich hübsche Villen erhalten. Buon Ma Thuot ist die Provinzhauptstadt von Dak Lak und für den besten Kaffee des Landes berühmt.

SEHENSWERTES

ETHNOLOGISCHES MUSEUM

Wer sich für die Bergvölker der Ede, Hmong oder Muong interessiert, be-kommt in diesem Museum (auch: Dak Lak Museum) gute Informationen. In der Ausstellung werden unter anderem traditionelle Kostüme, Handwerksgeräte, Jagdwaffen und Fischereibedarf gezeigt. Einzigartig ist die **INSIDER TIPP** Gong-sammlung bei den Musikinstrumen-ten. *Mi–So 7–11, 14–17 Uhr | Eintritt ca. 0,70 Euro | 182 Nguyen Du/Ecke Le Duan*

INSIDER TIPP TRUNG NGUYEN COFFEE MUSEUM (COFFEE VILLAGE)

Mehr als 10 000 Ausstellungsstücke zur weltweiten Kaffeegeschichte, wunderbar präsentiert in einem schönen hölzernen Langhaus: blank polierte Kaffeemaschi-nen aus dem 19. Jh., antike Kaffeemüh-len ... Und natürlich kann man im *Cof-fee Village* auch in vielen kleinen Cafés besten Kaffee trinken und frische Bohnen kaufen. *Tgl. 7–17 Uhr | Eintritt ca. 1 Euro | Le Thanh Tong | ca. 3 km vom Zentrum*

ESSEN & TRINKEN

BON TRIEU

Hier wird köstliches *bon bay mon* serviert – hauchdünnes Rindfleisch in süßsauren Saucen. *33 Hai Ba Trung | kein Tel. | €€*

ÜBERNACHTEN

DAKRUCO HOTEL

Komfortables Hochhaushotel, riesige Zimmer (WLAN, teils Balkon). Kleiner Pool, Spa, Tennisplatz. 114 Zi. | 30 Nguyen Chi Thanh | Tel. 0500 3 97 08 88 | www.dakrucohotels.com | €–€€

DAM SAN HOTEL

Das beste Hotel am Ort. Moderne Zimmer, Pool im Garten, Tennisplatz. In der Nähe nette Cafés. 60 Zi. | 212 Nguyen Cong Tru | Tel. 0500 3 85 12 34 | www.damsanhotel.com.vn | €–€€

AUSKUNFT

Dak Lak Tourist (3 Phan Chu Trinh | Tel. 0500 3 85 22 46 | www.daklaktourist.com.vn)

ZIELE IN DER UMGEBUNG

Die Provinz von Dak Lak war bis zum Zweiten Weltkrieg Jagdrevier der Kaiser von Hue – kein Wunder, denn die Gegend ist so reich an Wild wie kaum ein anderer Landstrich Vietnams. Zudem gibt es hier viele Gewässer. 27 km südwestlich von Buon Ma Thuot donnern die *Drai-Sap-Wasserfälle* (141 E1) (*⌂ G10*) inmitten eines Regenwalds in die Tiefe, vor allem nach starken Gewittern. In *Buon Tua* (Bon Tur) können Sie Angehörige der Ede (auch: Rhade) treffen. Bei diesem Bergvolk sind die Mütter die Familienoberhäupter, die Clans leben in Langhäusern. Am fischreichen *Lak-See* (141 E2) (*⌂ G11*) (ca. 50 km südlich von Buon Ma Thuot) finden Störche, Kraniche und Enten ideale Lebensbedingungen vor.

DA LAT

(141 E2) (*⌂ G11*) **Vom Lieblingsort heimwehgeplagter Europäer zum Touristen-Hotspot und Reiseziel frisch vermählter Vietnamesen – so lässt sich die Entwicklung von ★ Da Lat (200 000 Ew.) beschreiben.**

★ **Da Lat**
Die Stadt der Liebenden hat kolonialen Charme, die Umgebung verlockt zu Sportabenteuern → S. 57

★ **Türme von Po Klong Garai**
Vollendete Tempelbaukunst der Cham → S. 59

★ **Cham-Museum**
Zeugnisse einer alten Kultur in Da Nang → S. 61

★ **My Son**
Mitten im Dschungel liegt die versunkene Tempelstadt der Cham → S. 63

★ **Marmorberge**
Geheimnisvolle Grotten und Pagoden, Räucherstäbchen und Souvenirs – dazu ein großartiger Rundblick vom Berg Thuy Son → S. 62

★ **Hoi An**
Malerische Straßenzeilen, Handelshäuser und Pagoden in der Altstadt und viel mediterraner Charme → S. 64

★ **Zitadelle von Hue**
Am Parfümfluss: Glanz und Pracht der einstigen Herrscher Vietnams werden lebendig beim Spaziergang durch die Anlage → S. 70

MARCO POLO HIGHLIGHTS

Letzteres mag daran liegen, dass für die jungen Vietnamesen die vielen Seen, Wasserfälle und Wälder den Inbegriff von Romantik darstellen. Wenn dann noch im Frühjahr, nach dem Tet-Fest, die Kirschbäume in üppigem Rosa blühen,

sind drei ca. 4 m hohe Buddhastatuen, die Stiftung eines britischen Buddhisten aus Hongkong. Sie sind aus vergoldetem Sandelholz gefertigt und wiegen jeweils rund 1400 kg. *Ca. 5 km südöstlich des Zentrums, erreichbar über Khe-San-Straße*

Sommerpalast des letzten vietnamesischen Kaisers: Dinh 3 in Da Lat

ist das Erlebnis geradezu perfekt – obwohl es hier oft regnet. 1897 gründete der Arzt Alexandre Yersin in dem 1475 m hoch gelegenen Ort ein Sanatorium, und noch einmal 15 Jahre dauerte es, bis sich die ersten Europäer ansiedelten. Die koloniale Hautevolee logierte während der heißen Sommermonate im mondänen Palace Hotel. Jene, die es sich leisten konnten, so auch der letzte vietnamesische Kaiser Bao Dai, ließen Villen in den Pinienwäldern oberhalb des Xuan-Huong-Sees bauen, der heute leider zunehmend austrocknet. Zu den beliebtesten Freizeitbeschäftigungen gehörte die Tiger- und Elefantenjagd in den damals noch dichten Wäldern.

SEHENSWERTES

CHUA THIEN VUONG
Die drei gelben Holzgebäude der 1958 von Chaozhou-Chinesen errichteten Pagode stehen auf einem Hügel, von Pinienwald umgeben. Bemerkenswert

SOMMERPALAST (DINH 3) ●
In der ab 1933 erbauten, gelbbraunen Villa mit etwa 26 Räumen wird an Bao Dai (reg. 1926–45), den letzten Kaiser Vietnams, erinnert. Zu sehen sind die kaiserlichen Wohnräume und viele private Fotos. *Tgl. 7–11, 13.30–16 Uhr | Eintritt ca. 0,70 Euro | 2 Le Hong Phong*

ESSEN & TRINKEN

LE RABELAIS
Gourmetlokal mit französischen Speisen, Seeblick, livrierten Kellnern und Pianobegleitung (ab 19 Uhr), dafür auch etwas teurer. *High Tea 16–17 Uhr. 12 Tran Phu | im Hotel Dalat Palace | Tel. 063 3 82 54 44 | €€€*

THUY TA RESTAURANT
Das Restaurant liegt erstklassig: auf Stelzen am Xuan-Huong-See. Vor allem an sonnigen Nachmittagen lässt sich der schöne Blick genießen. *1 Yersin | Tel. 063 3 82 22 88 | €€–€€€*

FREIZEIT & SPORT

BIKEN, TREKKING, FUNSPORT

Die schöne Gegend und das angenehme Klima verlocken zu etlichen sportlichen Abenteuern: Fahrradtouren (pro Tag ca. 2 Euro), die Eroberung des ☀ *Lang-Bian-Bergs* zu Fuß (mit Abstechern zu den Dörfern der Lat), Trekking, Rockclimbing, Abseiling, Paragliding und Canyoning sind möglich. Outdoorausrüstung und Mountainbikes vorher prüfen! Ein empfehlenswerter Veranstalter ist *Phat Tire Ventures (109 Nguyen Van Troi | Tel. 063 3 82 94 22 | Tel. mobil 091 8 43 87 81 | www.phattireventures.com)*.

MOTORRADTOUREN

Die schönsten Strecken im Hochland führen auf der neuen Ho-Chi-Minh-Autobahn nahe der Grenze zu Laos über steile Pässe durch herrliche Landschaften. Ein sicherer Anbieter sind die *Dalat Easy Riders (c/o Easy Rider Café | 70 Phan Dinh Phung | Tagestour ca. 20–35 US-Dollar, 3-Tage-Tour inkl. Übernachtung und Snacks ab ca. 65–75 US-Dollar pro Tag | www.dalat-easyrider.com)*.

ÜBERNACHTEN

ANA MANDARA VILLAS DALAT & SPA

Herrlich restaurierte Kolonialvillen mit elegant-dezentem Mobiliar und Dekor, beheizter Pool, Weinkeller, exklusives Restaurant – mehr Luxus geht kaum! *57 Zi. | Le Lai | Tel. 063 3 55 58 88 | Tel. in Deutschland 06102 79 96 80 | www.anamandara-resort.com | €€€*

DALAT PALACE ☀

Die Grandezza der 1920er-Jahre: Luxus und Nostalgie sind hier vereint. Schön ist der Blick auf den Xuan-Huong-See. *43 Zi. | 12 Tran Phu | Tel. 063 3 82 54 44 | www.dalatpalace.vn | €€€*

INSIDER TIPP NGOC LAN HOTEL ☀

Aus dem alten Kino wurde ein Mittelklassehotel mit schicken, teils riesigen Zimmern (Parkettböden) und herrlichem Blick über den See vom Balkon – die kleineren Zimmer nach hinten sind ruhiger –, Massage und Fitnesscenter, super Lage nahe dem Markt. Nach *discount* fragen! *91 Zi. | 42 Nguyen Chi Thanh | Tel. 063 3 83 88 38 | www.ngoclanhotel.vn | €€*

AUSKUNFT

Da Lat Tourist (3 Thang 2 Nr. 7 | Tel. 063 3 82 38 29 | www.dalattourist.com.vn)

ZIELE IN DER UMGEBUNG

TÜRME VON PO KLONG GARAI ★
(141 F3) (*∅ H11*)

Stachelige Kakteen säumen die vier massigen Cham-Türme von Po Klong Garai, die ca. 65 km südöstlich von Da Lat an der Nationalstraße 20 nach Phan Rang stehen. Der Besuch lohnt besonders im September/Oktober, wenn die Cham anlässlich ihres Neujahrsfests auf dem Gelände traditionelle Lieder und Tänze aufführen. Der gute Zustand der Gebäude überrascht, wurde der Tempel doch bereits im 13./14. Jh. während der Regentschaft von König Simhavarman III. erbaut. Man betritt die Tempelanlage durch ein schön verziertes Tor, das in der Mitte der Umfassungsmauer platziert wurde. Im Inneren des Tempelturms befindet sich ein Mukhalingam, ein stilisierter Phallus, als Symbol Shivas. *Tgl. 7.30–18 Uhr | Eintritt ca. 0,70 Euro*

WASSERFÄLLE (141 E2) (*∅ G11*)

Vom alten Bahnhof Da Lats, ca. 500 m östlich des Xuan-Huong-Sees, fährt mehrmals täglich (7.45–16 Uhr alle zwei Stunden, mit mindestens 15 Personen) eine Eisenbahn zur Linh-Phuoc-Pagode im Ort *Trai Mat.* Von dort kann man auf einem ungefähr 7 km langen ausgeschilderten Weg zum schönen *Tiger-Wasserfall (Thac Hang Cop) (Eintritt ca. 0,50 Euro)* spazieren, wo eine Tigerstatue die wenigen Besucher erwartet.

Sowohl die Wasserfälle als auch die (Stadt-)Seen leiden verstärkt unter dem riesigen, westlich gelegenen Stausee Da Nhim. Am eindrucksvollsten sind die Kaskaden am Ende der Regenzeit (Nov./Dez.), wie die beiden Wasserfälle *Prenn (an der N 20, ca. 10 km von Da Lat)* und *Lien Khuong (N 20, ca. 30 km Richtung Saigon)* sowie der *Pongour-Wasserfall (an der N 20, 45 km Richtung Saigon)* und der mächtige *Dambri-Wasserfall* bei *Bao Loc. Alle Wasserfälle kosten Eintritt, meist ca. 1 Euro*

DA NANG

(139 E3) (*ID G7*) **Auf der Strecke von Hue nach Da Nang tritt nach der Überwindung des Wolkenpasses (Deo Hai Van) ein spürbarer Klimawechsel ein.** Wärmere und trockenere Luft begleitet die Abwärtsfahrt vom Bach-Ma-Berg (Berg des weißen Pferdes) zur malerischen Küste. Bald ist Da Nang erreicht, die rasch wachsende, rund 1,1 Mio. Einwohner zählende Provinzhauptstadt. Wegen seiner günstigen Lage an der Mündung des Han-Flusses besaß Da Nang immer schon einen wichtigen Hafen. Hier landeten im 17. Jh. die Spanier und im 19. Jh. die Franzosen. Später besetzten die Amerikaner die Stadt und errichteten hier einen ihrer größten Luftwaffenstützpunkte in Südostasien. Trotz der Kriegszerstörungen hat Da Nang auch eine schöne, von hohen alten Bäumen gesäumte Promenade, an der repräsentative Villen aus der französischen Kolonialzeit stehen. Sie erstrahlen heute zum Teil in neuem Glanz. Der China Beach ist bekannt für seine hohen Wellen – die amerikanischen Soldaten nutzten hier während des Vietnamkriegs die Zeit ihrer Kurzurlaube zum Surfen.

Beeindruckendes Naturschauspiel: Pongour-Wasserfall bei Da Lat

CITY **WOHIN ZUERST?**

Auf der belebten **Bach-Dang-Promenade** lässt sich Atmosphäre am Han-Fluss schnuppern; vom Cham-Museum geht's nach Norden, vorbei an alten Villen, Hotels, dem Markt und der Touristeninfo. Alles ist zu Fuß zu erreichen – wer vom Strandhotel kommt, nimmt am besten ein (Mofa-)Taxi über die nachts schön beleuchtete Drachenbrücke.

SEHENSWERTES

CAO-DAI-TEMPEL ●

Wie der „Heilige Stuhl" in Tay Ninh ist auch Vietnams zweitgrößter Cao-Dai-Tempel sehenswert. Der Zugang ist streng nach Geschlechtern getrennt: Die Frauen treten links, die Männer rechts ins Heiligtum ein. Priester dürfen das mittlere Tor benutzen. Hinter dem Altar beobachtet das „göttliche Auge" aus einer riesigen Glaskugel die Betenden. *Gottesdienste tgl. 6, 12, 18 und 24 Uhr | Eintritt frei | in Bahnhofsnähe an der Hai Phong*

CHAM-MUSEUM ★ ●

1915 von den Franzosen gegründet, beherbergt dieses kleine, feine Museum die beste Sammlung von Sandsteinarbeiten der Cham weltweit. Mindestens zwei Stunden Zeit sollten Sie sich sich für die übersichtlich gegliederte Schau nehmen. Was gibt es dort nicht alles zu sehen: den hinduistischen Sagenvogel Garuda, Darstellungen des elefantenköpfigen Gottes Ganesha sowie der Trinität Brahma, Vishnu und Shiva – und vieles mehr. Acht Jahrhunderte Hochkultur sind hier in faszinierender Weise zusammengefasst. *Tgl. 7–17.30 Uhr | Eintritt ca. 2 Euro | in der Nähe der Kreuzung Nu Vuong/Bach Dang | chammuseum.danang.vn*

KATHEDRALE

Das 1923 für die Franzosen errichtete Gotteshaus mit seinen poppig-bunten Fenstern wird heute von den über 4000 Katholiken Da Nangs genutzt. *Nördlich des Cham-Museums in der Tran Phu*

ESSEN & TRINKEN

BABYLON STEAKGARDEN

Hier werden auch die Kids satt: Spaghetti, Pasta und Pommes, eine gro-

Sandsteinrelief aus der Sammlung des Cham-Museums in Da Nang

ße Speisekarte mit vietnamesischen Klassikern und westlichen Gerichten sowie Steaks und Barbecue. *Truong Sa/ Ecke Ho Xuan Huon | auf der Strandseite nahe dem Furama Resort | Tel. 0511 3 98 79 89 | €€*

INSIDER**TIPP** **TRUC LAM VIEN (GARDEN VIEW CAFÉ)**

Bambusgartenoase im kaiserlichen Stil. Hier gibt's vietnamesische und chinesische Spezialitäten, Nudelsuppen, Hot Pot, leckeres Seafood, am Wochenende Buffet und auch westliches Frühstück mit gutem Kaffee und Cappuccino. *8–10 Tran Quy Cap | Tel. 0511 3 58 24 28 | www. truclamvien.com.vn | €–€€*

WATERFRONT

Schickes, luftiges Barrestaurant mit schönem Flussblick von der ☀ Terrasse im 2. Stock. Internationales und Vietnamesisches, gute Weinkarte, viele Cocktails. Montags Liveband. *150–152 Bach Dang | Tel. 0511 3 84 33 73 | www.water frontdanang.com | €€–€€€*

STRÄNDE

Der bei Touristen beliebte *China Beach* erstreckt sich vom Son-Tra-Berg (Affenberg) rund 30 km nach Süden. Achtung, manchmal gibt es gefährliche Strömungen! Die beste Zeit zum Schwimmen: April bis August. Vorzuziehen ist der idyllische, 8 km lange *Canh Duong Beach* nahe Lang Co (ca. 20 km nördlich der Stadt). In der Nähe mit Shuttlebus liegt das herausragende *Vedana Lagoon Resort & Spa (27 Zi. | Phu Loc | Tel. 054 3 68 16 88 | www.vedanalagoon.com | €€€)* in absoluter Einsamkeit.

ÜBERNACHTEN

DAI A HOTEL

Das kleine Hotel liegt zentral und flussnah in der Stadt. Die Zimmer sind relativ schlicht, haben aber Internetanschluss, und auch Frühstück und Abholservice vom Flughafen sind inbegriffen. *34 Zi. | 51 Yen Bai | Tel. 0511 3 82 75 32 | www. daiahotel.com.vn | €*

THE FURAMA RESORT

Die von der kaiserlichen Architektur Hues inspirierte Anlage mit ihren luxuriösen Villen, liebevoll angelegten Gärten, Lagunen und erstklassigen Sportanlagen gehört zu den besten Häusern Vietnams. *200 Zi. | 68 Ho Xuan | Bac My An (China Beach) | Tel. 0511 3 84 78 88 | www. furamavietnam.com | €€€*

CENTARA SANDY BEACH RESORT

Weitläufige Strandherberge am schönen Non-Nuoc-Strand mit hellen Zimmern und Bungalows, zwei Pools und Tennisplätzen. *124 Zi. | 255 Huyen Tran Cong Chua | Hoa Hai, Ngu-Hanh-Son-Bezirk | Tel. 0511 3 96 17 77 | www. centarahotelsresorts.com | €€€*

AUSKUNFT

Saigon Tourist Da Nang (357 Phan Chu Trinh | Tel. 0511 3 89 72 29 und 3 82 72 11 | www.saigontourist.net)

ZIELE IN DER UMGEBUNG

MARMORBERGE ★ (139 E3) (*ⵜ G7*)

Gut 8 km südlich von Da Nang ragen aus einer Ebene nahe dem China Beach fünf Berge bis zu 100 m steil auf. Sie sind nach den fünf grundlegenden Elementen der chinesischen Philosophie benannt: Thuy (Wasser), Tho (Erde), Kim (Metall), Moc (Holz) und Hoa (Feuer). Einer Legende zufolge sollen sie Eier eines riesigen Drachen sein. Der bekannteste ist der *Thuy Son,* der Wasserberg, von dessen Gipfel Sie am Aussichtspunkt ☀ *Vong Giac Dai* einen phantastischen Blick über den Strand, das Meer und die anderen Berge haben. Bei einem einstündigen Rundgang (Taschenlampe und Mückenspray mitnehmen!) lernt man die früher von den Cham genutzten Grotten kennen. Beeindruckend sind die *Tam-Tai-Pagode* und die rund 30 m hohe Grotte *Huyen Khong,* in der zahllose Räucherstäbchen an der Statue des *Thich Ca* (Buddha der Gegenwart) brennen. Es entsteht ein stiller, feierlicher Zauber, wenn Sonnenstrahlen golden durch das Höhlendach hindurchscheinen und die Betenden sich andächtig vor dem Buddha verneigen. Von *Tang Chon,* der letzten Höhle, führt der Weg hinab zur *Linh-Ung-Pagode* und in das Dorf *Quang Nam,* wo man Marmorsouvenirs kaufen kann. *Marmorberge tgl. 7–17 Uhr | Eintritt ca. 1 Euro*

MY SON ★ (139 D–E3) (🗺 G7)

32 km südlich von Da Nang zweigt ein Sträßchen nach *Nong Son* ab. Urplötzlich ragen aus dem dichten Grün des Dschungels die bemoosten, von Farnen umrankten rostroten Tempeltürme. Vom 4. bis zum 13. Jh. war My Son das bedeutende religiöse und kulturelle Zentrum der Cham. Die Gründung des dem Gott Shiva geweihten Heiligtums wird dem Champa-König Bhadravarman zugeschrieben, dessen Herrschersitz nahe dem heutigen Tra Kieu (20 km östlich) lag. Seit dem 7. Jh. wurden die ersten, aus Holz errichteten Sakralbauten durch Ziegelbauten ersetzt. Beim Bau wurde weder Mörtel noch Kalk verwendet; das Harz des Cau-Day-Baums hielt die Mauern zusammen. My Son mag für manche Urlauber nur eine Ansammlung von vergessenen Ruinen sein – Türme, Mauern und Tempel, die zudem extrem unter dem Krieg gelitten haben. Nachdem Vietcong das Tal als vermeintlich sicheres Versteck entdeckt hatten, erklärte die US-Armeeführung die Region zur freien Feuerzone. Nur ein Bruchteil der ursprünglich 70 Sakralbauten blieb bei den Bombardements unbeschädigt. Wer aber die Kultur des Champa-Reichs vertiefend studieren möchte, kommt an My Son nicht vorbei.

Die Cham-Tempel unterhalb des Bergs My Son (Schöner Berg) sind in vier Gruppen eingeteilt: Gruppe A zeigt Steinreliefs, Gruppe B ein prächtiges Tor, das sich zum Heiligtum öffnet. In Gruppe C weisen die Ziegelwände überwiegend Cham-Motive auf, und Gruppe D ist ein

Wächterfigur an der eindrucksvollen Grotte Huyen Khong

Ensemble aus sechs Gebäuden und dem sogenannten Stelenhof mit Opfertafeln. Achtung: Da bis heute unzählige Landminen in der Erde um My Son verborgen sind, sollten Sie unter keinen Umständen die ausgewiesenen Pfade verlassen! *Tgl. 6.30–16.30 Uhr | Eintritt ca. 4,50 Euro*

HOI AN

(139 E3) *(⊞ G7)* **Mittelmeercharme und Exotik des Fernen Ostens sind in ★ Hoi An auf einzigartige Weise miteinander verbunden.**

Beim Gang durch die malerischen Gassen fällt es schwer, sich vorzustellen, dass Hoi An (80 000 Ew.) vor 300 Jahren eine der bedeutendsten Hafenstädte in Südostasien war – eine Gründung der Cham, die von den Nguyen-Herrschern ausgebaut wurde. Als immer größere Schiffe gebaut wurden und der Zwischenstopp in kleineren Häfen nicht mehr nötig war, geriet Hoi An zu Beginn des 19. Jhs. ins Abseits. Erst Anfang der 1990er-Jahre erwachte die Stadt dank des internationalen Tourismus. Die Folgen der rasanten Entwicklung sind sichtbar: Urige Kramläden gibt es kaum noch, immer mehr auswärtige Geschäftsleute verwandeln die Stadt in eine Ansammlung von Souvenirshops, Restaurants und kleinen Hotels. Wie schön, dass sich Hoi An den Ruf der vietnamesischen „Schneiderstadt" bewahren konnte – für Hemd oder Bluse, Seidenanzug oder -kleid können Sie hier Maß nehmen lassen.

SEHENSWERTES

ALTSTADT
Die Altstadt erstreckt sich zwischen der Uferpromenade Bach Dang und der Phan Chu Trinh. Bei einem Spaziergang kann man sich von den Handelshäusern, Ver-

sammlungshallen, Pagoden und Geschäftshäusern inspirieren lassen – weit mehr als 800 Gebäude sind historisch bedeutend. Von besonderer Exotik sind die Häuser der chinesischen Landsmannschaften. In der Phu-Kien-Pagode im Haus der Fujian-Chinesen huldigt man der Himmelskaiserin Thien Hau, die über das Wohl der Seeleute wacht. Bemerkenswert sind auch die kunstvollen Schnitzereien im 1776 erbauten Haus der Chaozhou-Chinesen.

Für den Besuch vieler der historischen Gebäude benötigt man eine Eintrittskarte; Sammelkarten für ca. 5,50 Euro gelten für fünf der insgesamt 23 historischen Stätten und Museen. Die Tickets sind erhältlich an mehreren Verkaufsstellen in der Altstadt, z. B. gegenüber der *Hoi Quan Phuoc Kien (Tran Phu 47)* (Versammlungshalle der Fujian-Chinesen). Zu beachten ist, dass in den Pagoden und Tempeln das Tragen von Miniröcken, Shorts und Trägerhemdchen sowie Rauchen nicht erwünscht sind.

Besonders schön ist die Stadt zur Zeit der **INSIDER TIPP** *Hoi An Legendary Night:* Jeden Monat am Vorabend des Vollmondfests (14. Tag des Mondkalenders) erstrahlen die Altstadtgassen im Schein des Mondes, der Lichterketten, Kerzen und farbenprächtigen Lampions. Die Bewohner begehen die *Legendary Night* in den alten Häusern mit Volksmusik und Lesungen sowie mit kulinarischen Spezialitäten.

HANDELSHÄUSER
Die meisten der Kaufmannshäuser stammen aus dem frühen 19. Jh. Sie dienen noch heute der Ahnenverehrung, dem Geschäft und dem Familienleben. Zu den schönsten gehört das *Quan-Thang-Haus (77 Tran Phu)* mit seinem auffallenden grünen Ziegeldach. Das *Phung-Hung-Haus (4 Nguyen Thi Minh Khai)*

Die überdachte Japanische Brücke in Hoi An verband einst zwei Wohnviertel miteinander

hat kunstvolle Fensterläden und einen frei hängenden Ahnenaltar. Seit über 200 Jahren bewohnt ein einziger Clan das mit filigranen Schnitzereien ausgestattete *Tan-Ky-Haus (tgl. 8–17.30 Uhr | 101 Nguyen Thai Hoc)*. Sehenswert ist auch die *Andachtsstätte der Tran-Familie (tgl. 7–18 Uhr | 21 Phan Chu Trinh)* mit kostbaren Elfenbeinschnitzereien. Das *Diep-Dong-Nguyen-Haus (80 Nguyen Thai Hoc)* diente einst als Handelskontor für chinesische Medizin und Heilkräuter. *Öffnungszeiten meist 8–17 bzw. 18 Uhr*

JAPANISCHE BRÜCKE
Japaner und Chinesen errichteten in Hoi An getrennte Wohnviertel. Die Grenze zwischen den Gebieten stellt die 18 m lange, überdachte Japanische Brücke dar. Mit dem Bau der ersten und mehrfach zerstörten Brücke wurde 1593 begonnen, im Jahr des Affen, wie die beiden Affen an der japanischen Seite der Brücke anzeigen. Zwei Jahre später, im Jahr des Hundes, war das hölzerne Bau-

werk mit seinem Dach aus grünen und gelben Ziegeln fertig, wie sich an zwei steinernen Hunden auf der chinesischen Seite erkennen lässt.

ESSEN & TRINKEN

An den Straßen *Nguyen Hue, Tran Phu* und *Bach Dang* am Fluss gibt es viele kleine Restaurants und Bars, in denen man gemütlich essen oder etwas trinken kann. Probieren Sie *cao lau,* eine delikate Suppe aus Nudeln, Schweinefleisch und grünem Gemüse, die mit Wasser aus Hoi Ans uralter Quelle zubereitet wird.

ANCIENT FAIFO

In dem wunderschönen Restaurant in der Altstadt speist man nach der Sektbegrüßung bei Pianobegleitung auf zwei Etagen (Balkon reservieren) beste einheimische Küche, etwa die Klassiker *cao lau,* Frühlingsrollen oder *pho.* Lecker sind die Garnelen in Ingwer-Tamarinden-Sauce, und der Käsekuchen schmeckt auch.

Frühstück auf Vietnamesisch: Eine Spezialität ist die Nudelsuppe in Hoi An

66 Nguyen Thai Hoc | Tel. 0510 3 91 74 44 | www.ancientfaifo.com.vn | €€

BROTHER'S CAFÉ HOI AN

Idyllisch am Thu Bon River: In der Kolonialvilla mit Tropengarten, Holzinterieur und offenem Dachstuhl wird sehr gute vietnamesische und internationale Küche serviert. Erlesenes Angebot aus dem Weinkeller. Abends reservieren! *27 Phan Boi Chau | Tel. 0510 3 91 41 50 | www. brothercafehoian.com.vn | €€€*

SON HOI AN

Rustikal-romantisches Slowfoodlokal zwischen Palmen und Reisfeldern, liebevoll dekorierte Speisen (vorwiegend vietnamesisch, aber auch Pizza und Burger) bei leiser Jazzmusik. *232 Cua Dai | Tel. 0510 3 86 11 72 | Tel. mobil 094 9 50 14 00 | €€*

EINKAUFEN

Hoi An ist bekannt für maßgeschneiderte Kleidung (rechtzeitig bestellen, am besten mit Vorlage) und für Seide, die

großteils aus China stammt. Der Meter reine Naturseide kostet bei 90 cm Breite ca. 9 Euro.

HOI AN HANDICRAFT WORKSHOP

Hier gibt's Souvenirs und Kunsthandwerk sowie täglich traditionelle Musikaufführungen (10.15 und 15.15 Uhr). *9 Nguyen Thai Hoc*

MR. XE

Hier bekommt man perfekte Ware, passgenau und pünktlich, auch die Preise sind korrekt. Ein anderer bekannter professioneller, aber teurerer Laden mit hervorragender Ware und Qualität in derselben Straße ist *Yaly (Nr. 47 | www.yalycouture.com). 71 Nguyen Thai Hoc | Tel. 0510 3 91 03 88*

REACHING OUT 🌱

In diesem historischen Gebäude stellen behinderte Kunsthandwerker schöne Dinge her (z. B. Handtaschen und Schmuck, Kleidung und Spielzeug), die man auch kaufen kann. *103 Nguyen Thai*

Hoc | neben dem Tan-Ky-Haus | www. reachingoutvietnam.com

SILK ROAD

Gute Altstadtboutique: Schneiderin Thuy zaubert Blusen, Kleider und Hosen schon für ab 20 Euro, abhängig von Material und Größe. *91 Nguyen Thai Hoc | Tel. 0510 3 91 10 58 | www.silkroadtailor. com*

FREIZEIT, SPORT & STRAND

BOOTSTOUREN

Bei Paddelboottouren auf dem Thu Bon, dem größten Fluss der Provinz, kann man die Handwerker- und Fischerdörfer der Umgebung erkunden *(etwa einstündige Tour ca. 2 Euro).*

KOCHKURSE

Viele Restaurants bieten Kochkurse an, teils mit Marktbesuch, z. B. *Vy's Cooking School im Morning Glory (106 Nguyen Thai Hoc | Tel. 0510 2 24 15 56 | www. restaurant-hoian.com), Brother's Café, Tam Tam* oder, mit Bootstour über den Thu-Bon-Fluss, **INSIDER TIPP** *Red Bridge Restaurant (Thon 4 | Cam Thanh | ca. 4 km vom Zentrum | Tel. 0510 3 93 32 22 | www. visithoian.com).*

INSIDER TIPP LAMPIONKURSE

Wer etwas fingerfertig ist, kann in Hoi An lernen, Lampions selbst zu machen, und wird mit einem schönen Souvenir oder Weihnachtsgeschenk belohnt. Man unterstützt zugleich ein Ausbildungsprojekt für behinderte Menschen. *Lifestart Foundation (14 Nguyen Thai Hoc | www. lifestartfoundation.org.au)* bietet Kurse für ca. 30 Euro.

STRAND

Der feinsandige Cua-Dai-Strand ist eine Art Verlängerung des China Beach in Richtung Süden und nur 5 km von Hoi An entfernt. *Cua Dai | Verlängerung der Tran Hung Dao*

AM ABEND

Für einen Bummel empfiehlt sich die Flaniermeile *Bach Dang* am Fluss.

Eine abendliche Straße in Hoi An, von vielen Laternen bunt beleuchtet

BAMBOO BUDDHA BAR LOUNGE
Sehen und Gesehenwerden auf drei Etagen. Originell angerichtete, vornehmlich französische und vietnamesische Speisen (€€). *40 Nguyen Phuc Tan | Insel An Hoi | www.bb-hoian.com*

CHAMPA BAR
Bei Einheimischen und Touristen sehr beliebt. *75–77 Nguyen Thai Hoc*

TAM TAM
1000 CDs, gute Mojitos; vom Balkon aus kann man auf die quirlige Straße schauen. *110 Nguyen Thai Hoc*

ÜBERNACHTEN

ANANTARA HOI AN
Der stilvolle dreistöckige Kolonialnachbau hat geräumige, schicke Zimmer (in der unteren Etage allerdings etwas düster) mit kleinen, zum Garten oder zum Fluss gelegenen Terrassen. Eigener Pier, großer Pool und Spa. *94 Zi. | 1 Pham Hong Thai | Tel. 0510 3 91 45 55 | www.hoi-an.anantara.com | €€€*

ANCIENT HOUSE
Nur zehn Spazierminuten vom Zentrum liegt diese wunderschöne, seit Jahren bei Deutschen beliebte Herberge mit kleinen, etwas verschachtelten Häuschen, Himmelbetten, Balkons und Minipool. *52 Zi. | 377 Cua Dai | Tel. 0510 3 92 33 77 | www.ancienthouseresort.com | €€€*

PALM GARDEN RESORT
Außerhalb, dafür direkt am schönen, ruhigen Cua-Dai-Strand (genauer: am An Bang Beach) liegt das weitläufige (Bungalow-)Hotel mit Garten. Mit Poollandschaft, italienischem Restaurant und teils Open-Air-Bädern. Shuttlebus nach Hoi An. *188 Zi. | Tel. 0510 3 92 79 27 | www.palmgardenresort.com.vn | €€€*

VICTORIA HOI AN RESORT
Schöne Bungalowanlage im Stil des alten Hoi An. Die Mehrzahl der 100 Zimmer und Suiten liegt zum Meer hin, die übrigen zum Fluss. Privatstrand, Pool, Tennis, Fitnesscenter, Wassersport. *Cua Dai Beach | Tel. 0510 3 92 70 40 | www.victoriahotels-asia.com | €€€*

AUSKUNFT

Touristinfobüros (mit Tickets) gibt es z. B. in der *Nguyen Hue, 10 Trang Hung Dao* und *78 Le Loi.*

TVH-Thomas Vietnam Holidays (72b Nguyen Phuc Tan | Insel An Hoi | Tel. 0510 3 91 67 32 | Tel. mobil 090 5 19 68 02 | www.tvh-travel.de)

ZIELE IN DER UMGEBUNG

Neben schönen Stränden gibt es auch unberührte Buchten und Zeugnisse der Vergangenheit zu entdecken: *Cham-Türme,* Überbleibsel der hinduistischen Tempel. Ein solches Ziegelsteinbauwerk steht z. B. bei *Bang An* **(139 E3)** *(ℳ G7)*, 10 km westlich von Hoi An. Auf dem Weg dorthin kann man in *Thanh Ha* vorbeischauen, einem Töpferdorf. Nur noch wenige Töpfereien bieten hier Waren feil, die von zumeist guter Qualität sind.

HUE

(139 D3) *(ℳ G7)* **Hue** **(400 000 Ew.) strahlt trotz aller auch heute noch sichtbaren Wunden des Vietnamkriegs die Ruhe und Gelassenheit einer traditionsreichen Stadt aus, die viele Herrscher hat kommen und gehen sehen.**

Kein Wunder, bedeutet ihr Name doch „Harmonie". Von 1802 bis 1945 war Hue die Hauptstadt der letzten Kaiserdynastie, der Nguyen. Da die Stadt auf halbem Weg zwischen Hanoi und Saigon liegt, entwickelte sie sich zum Drehkreuz von Zentralvietnam. Vor allem die idyllische Lage beiderseits des von sanften Hügeln flankierten, träge dahinfließen-

nige der bedeutendsten Hochschulen des Landes. Nicht zuletzt prägen die freundlichen, weltoffenen Einwohner Hues die Atmosphäre der Stadt. Das harmonische Nebeneinander von Vergangenheit und

Leben auf dem Wasser: Hausboote am Ufer des „Parfümflusses" Song Huong

den Song Huong (Parfümfluss) trägt zu ihrem Flair bei. Über den Ursprung des poetischen Namens kursieren verschiedene Theorien: Eine Version verweist auf die wohlriechenden Edelhölzer, die auf dem Wasser transportiert wurden, eine andere auf die im Frühjahr auf dem Fluss treibenden Blüten. Zeugen der Vergangenheit sind die Zitadelle mit der Kaiserstadt und dem Kaiserpalast, die Thien-Mu-Pagode und die einige Kilometer südlich der Stadt gelegenen Kaisergräber. Auch seine traditionelle Bedeutung als Beamten- und Gelehrtenstadt hat Hue bewahrt, beherbergt es doch ei-

Moderne, Aufbruch und Verharren, ländlicher und städtischer Kultur macht den Charme von Hue aus.

SEHENSWERTES

INSIDER TIPP CUNG AN DINH

Die hochherrschaftliche, aber kleine An-Dinh-Residenz (auch: Khai Tuong Lau, erbaut 1916–18) wurde von Wissenschaftlern des German Conservation Restoration & Education Project (GCREP) restauriert und ist seit 2015 als Museum geöffnet: mit herrlichen Stuckarbeiten, Decken- und Wandma-

CITY **WOHIN ZUERST?**

Wer in Hue ankommt, bummelt die **Promenade des Huong** entlang, vorbei am Park, an der nachts schön beleuchteten Brücke, am Kolonialhotel Saigon Morin, an Cafés bis zum Pier für die Drachenboote – alles wunderbar fußläufig. Vom Pier können Sie ein Boot zur Pagode nehmen oder sich mit dem Taxi oder Cyclo auf die andere Flussseite zur Kaiserstadt bringen lassen.

lereien (europäisch-barocke Elemente), antikem Mobiliar und Garten. Kaiser Khai Dinh nutzte das außerhalb der Zitadelle gelegene Palais für seinen Rückzug ins Private, mitsamt Opium- und Kognakgenuss beim Kartenspielen. *Tgl. 8–17 Uhr | Eintritt ca. 1 Euro | 150 Nguyen Hue*

ZITADELLE ★

Am nördlichen Ufer des Song Huong liegt die Zitadelle aus dem 17. Jh. Sie ist umgeben von einer über 10 km langen Mauer auf einem 6 m hohen Erdwall. Die Umfassungsmauer war bis zu 20 m dick. Die Zitadelle war einst ein Staat in der Stadt, mit Tempeln, Beamtenwohnungen, Ziergärten, breiten und schattigen Straßen. Alles war streng nach den Regeln der Geomantik und im Einklang mit den Erfordernissen der Astrologie angelegt, sodass der harmonische Gleichklang mit der Natur gefunden werden konnte. Schachtelartig umschließen sich die drei Stadtanlagen: außen die Zitadelle für die Beamten, dann die Kaiserstadt. Prächtigster Teil ist der alte Kaiserpalast, die sogenannte „Verbotene Stadt", in der Bibliothek, private Empfangsräume und Tempelhallen zu besichtigen sind. Über die *Phu-Xuan-Brücke* erreicht man den 1809 erbauten, 37 m hohen *Flaggen-*

Tore und Tempelhallen in der Zitadelle von Hue erinnern an die Kaiserzeit

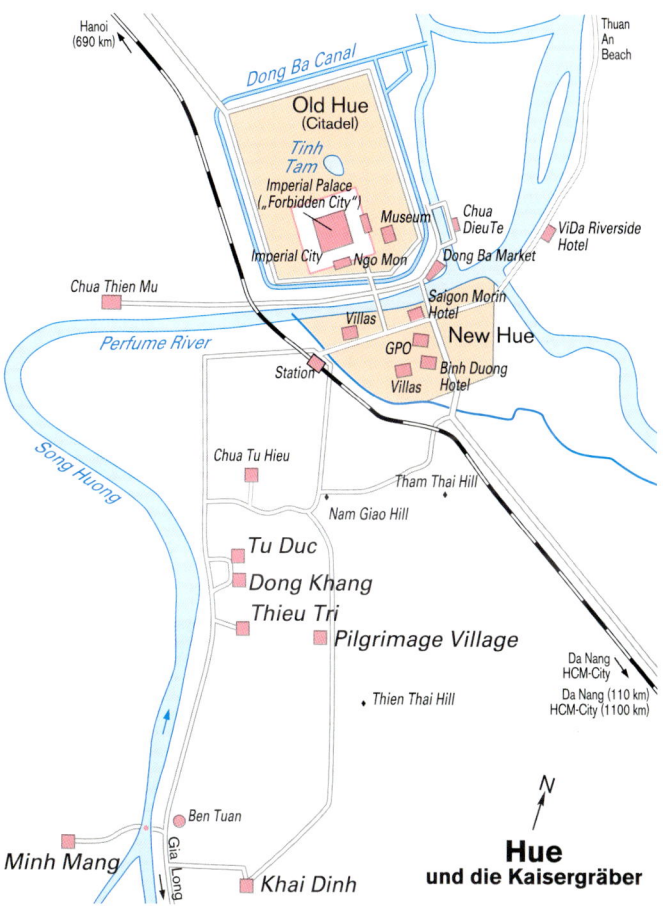

Hanoi
(690 km)

Dong Ba Canal

Thuan
An
Beach

Old Hue
(Citadel)

Tinh
Tam

Imperial Palace
(„Forbidden City")

Museum

Chua
DieuTe

ViDa Riverside
Hotel

Imperial City

Ngo Mon

Dong Ba Market

Chua Thien Mu

Saigon Morin
Hotel

Villas

New Hue

Perfume River

GPO

Binh Duong
Hotel

Station

Villas

Song Huong

Chua Tu Hieu

Tham Thai Hill

Nam Giao Hill

Tu Duc

Dong Khang

Thieu Tri

Pilgrimage Village

Thien Thai Hill

Da Nang
HCM-City

Da Nang (110 km)
HCM-City (1100 km)

N

Ben Tuan

Gia Long

Minh Mang

Khai Dinh

Hue
und die Kaisergräber

---

turm, auf dem an Festtagen die gelbe Flagge der „Himmlischen Dynastie" flatterte. Das wuchtige *Ngo-Mon-Tor* (Mittagstor) ist das Haupttor zur Kaiserstadt. Früher durfte nur der Kaiser diesen Eingang benutzen. Oben auf diesem Tor befindet sich der *Ngu-Phung-Pavillon,* der „Fünf-Phönix-Pavillon", mit seinen neun Ziegeldächern – hier erschien der Kaiser zur Bekanntgabe wichtiger Angelegenheiten. Ebenfalls an diesem Ort verkün-

dete 1945 der letzte Nguyen-Herrscher seinen Rücktritt.

Über einen Hof und die „Brücke des Goldenen Wassers" *(Trung Dao)* gelangt man in den Thronsaal *Dien Thai Hoa,* die „Halle der höchsten Harmonie", die in den Herrscherfarben Rot und Gold ausgekleidet ist. In der Mitte der Halle saß der Kaiser auf einem prächtig geschnitzten, vergoldeten Thron. Auf dem von neun Stelen gegliederten „Hof der Feierlichkeiten" hatten die aufwartenden Mandarine zu stehen, entsprechend ihren Rängen und unterteilt in zivile Beamte (rechts) und hohe militärische Beamte (links). Durch die „Goldene Pforte" *(Dai Cung Mon)* geht es in den „Palast der Gesetze des Himmels" mit dem dahinterlie-

Hüte für Reisbauern und Souvenirjäger

genden, eigentlichen kaiserlichen Palast. Rechts und links davon bereiteten sich die Beamten in den „Hallen der Mandarine" auf die Audienz beim Kaiser vor – heute dürfen sich hier die Besucher als solche verkleiden. Wendet man sich nach links, dann steht man vor dem privaten Bereich des Herrschers. Hier bewachten einst Eunuchen den kaiserlichen Harem. Im königlichen *Duyet Thi Duong Royal Theater* finden morgens und mittags

Volksmusikaufführungen (ca hue) (10 und 14.30 Uhr | Eintritt ca. 4,50 Euro) statt. Verlassen Sie die Kaiserstadt über das Osttor *(Hien Nhon),* sollten Sie den Museumskomplex ansteuern. Unweit der südöstlichen Ecke der Mauer wurde im ehemaligen Long-An-Palast das sehenswerte *Palastmuseum (Museum of Royal Antiquities) (Di–So 7–17 Uhr | Eintritt im Ticket für die Zitadelle enthalten | 3 Le Truc)* eingerichtet. Es birgt Möbel, Kleidung, Porzellan und Dekorationsgegenstände aus dem Palast. Schon der wohlproportionierte Holzbau selbst ist einen Besuch wert. Er hat ein Gerüst aus dem sehr harten Eisenholz, und viele Schnitzereien, darunter 35 Gedichte und Prosatexte, zieren Balken und Fenster. *Zitadelle im Sommer tgl. 6.30–17.30, sonst 7–17 Uhr | Eintritt ca. 6,50 Euro | www.hueworldheritage.org.vn*

ESSEN & TRINKEN

ANCIENT HUE ●

Hier speisen Touristen ganz wie die Kaiser, nämlich stilvoll in einem nachgebauten verwunschenen Tempel mit üppigem Garten. Unbedingt das neungängige *Royal Dinner* probieren! *4/4/8 Lane 35, Pham Thi Lien (nahe Thien-Mu-Pagode) | 104/47 Kim Long | Tel. 054 3 59 09 02 | www.ancienthue.com.vn | €€€*

INSIDER TIPP ▶ CAFE ON THU WHEELS

Ein Treffpunkt der Travellerszene – nicht nur das tolle Frühstück, sondern auch die guten Drinks und die langen Öffnungszeiten begeistern die Gäste. Zum Angebot gehören auch gute Motorradtouren ins Umland. *10/2 Nguyen Tri Phuong | Tel. 054 3 83 22 41 | €*

INSIDER TIPP ▶ CAFÉ VIOLON MUC DONG

Ein kleiner Pavillon aus Glas und Bambus an einem Teich. Ab 20 Uhr werden klassische Konzerte präsentiert, es gibt kleine Snacks, Eis sowie Cocktails von der gut ausgestatteten Bar. Überwiegend vietnamesisches Publikum. *41a Hung Vuong | Tel. 054 6 25 20 09 | €*

TROPICAL GARDEN

Touristen-Gartenlokal im Gästehausviertel mit täglichen Folkloreshows und den allseits beliebten Vietnamklassikern wie Banh-Khoai-Pfannkuchen und diversen Nudelgerichten. *27 Chu Van An | Tel. 054 3 84 71 43 | €–€€*

EINKAUFEN

Eine gute Adresse für Fans der typischen vietnamesischen Reisstrohhüte ist der *Dong-Ba-Markt* südöstlich der Zitadelle am linken Flussufer. Am gegenüberliegenden Ufer gibt es verschiedene Märkte (Obst, Gemüse, Kaffee) in der *Phan Boi Chau,* in der *Nguyen Con Tru/Ecke Ba Trieu* und in der *Huong Vuong* nahe dem Busbahnhof.

INSIDER TIPP ▸ VU NGOC STYLE

Bei dem jungen Modedesigner mitten im Travellerviertel hat frau die Wahl zwischen schrill-schrägen Kreationen aus Glitzer, Fransen, Pailletten und rosa Federn sowie wickel- und tragbaren Seidenkleidern im Ao-Dai-Stil. Kundinnen mit Spezialwünschen können sich Maßanfertigungen schneidern lassen. *25 Vo Thi Sau*

STRAND

Empfehlenswert ist der *Thuan-An-Strand,* der etwa 13 km nordöstlich an einer schönen Lagune liegt (leider oft sehr verschmutzt). Hier hat bisher nur das Hotel *Ana Mandara* eröffnet, aber für Strandbesucher gibt es ein paar Lokale, Liegen und Sonnenschirme.

AM ABEND

BROWN EYES BAR

Angesagter Club. Hier vergnügen sich die bis zu 25-Jährigen bei einem westlichen Musikmix und Karaoke. *56 Chu Van An*

DMZ BAR

Bei Rucksackreisenden ebenso beliebt wie bei Ausländern, die in Vietnam leben. *44 Le Loi | www.dmz.com.vn*

ÜBERNACHTEN

ORCHID HOTEL

Eine der besten kleinen Herbergen im Land: Das preiswerte Hotel punktet mit unglaublich komfortablen Zimmern (alle mit Laminat, großen Betten, PC, TV, DVD, schönen Bädern, Obstteller) und hilfsbereitem, freundlichem Service. **INSIDER TIPP ▸** Superschnäppchen sind das Familienzimmer Nr. 601 mit Balkon (€€) oder der – etwas kitschige – *Romantic Room* für Flitterwöchner (€€) mit Jacuzzi und Honeymoontorte. Rechtzeitig reservieren! *18 Zi. | 30a Chu Van An | Tel. 054 3 83 11 77 | www.orchidhotel.com. vn | €–€€*

PILGRIMAGE VILLAGE

Etwas außerhalb im traditionellen Stil erbautes Boutiquehotel mit eleganten Zimmern und einem tropischen Garten mit Pool. *99 Zi. | 130 Minh Mang | ca. 3 km Richtung Kaisergräber | Tel. 054 3 88 54 61 | www.pilgrimagevillage.com | €€€*

SAIGON MORIN

Mit kolonialem Touch, für Genießer. Wunderbar frühstücken Sie im idyllischen Innenhof. Die Zimmer sind sehr geräumig und hübsch eingerichtet; Pool. *180 Zi. | 30 Le Loi | Tel. 054 3 82 35 26 | www. morinhotel.com.vn | €€–€€€*

Vietnam Tourism (14 Nguyen Van Cu | Tel. 054 3 81 83 16)

ZIELE IN DER UMGEBUNG

INSIDER TIPP BACH-MA-NATIONALPARK
(139 D–E3) (*ld G7*)

In dem 40 km südöstlich von Hue gelegenen Regenwald-Nationalpark lebt unter anderem eine seltene Antilopenart, die Saola. Der sehr regenreiche Park mit anspruchsvollen, teils steilen Trekkingtrails zu Wasserfällen und Seen (ausgeschildert, ca. 3–4 Stunden, Wanderschuhe erforderlich!) liegt 28 km westlich von Lang Co, Abzweigung vom Highway 1 bei Cau Hai (3 km, bis zum 1444 m hohen ☀ Gipfel 16 km, wunderbarer Blick bis zum Meer). Am Wochenende ist es im Park oft voll und laut. Infos zur Übernachtung in sechs einfachen Guesthouses (€): *Tel. 054 3 87 13 30. Park März–Sept. 7–17, Okt.–Feb. 7.30–16.30 Uhr | Eintritt ca. 2 Euro | bachmapark.com.vn*

CHUA THIEN MU (139 D3) (*ld G7*)

Um die „Pagode der Himmelsmutter" (ca. 5 km westlich der Stadt am Nordufer des Parfümflusses) rankt sich eine Legende: 1601 soll dort dem Begründer der Nguyen-Dynastie, Nguyen Hoang, die Gestalt einer alten Frau auf dem kleinen Hügel erschienen sein. Die Frau behauptete, dass dieser Ort einer Gottheit gehöre, und verlangte, dass hier eine Pagode gebaut werden müsse. Nguyen Hoang folgte dem Befehl – und das Land und die Nguyen-Familien prosperierten viele Hundert Jahre lang. 1844 kam im Auftrag von Kaiser Thieu Tri der achteckige, 21 m hohe *Phuoc-Duyen-Turm* dazu. Auf sieben Etagen sind Buddhastatuen verteilt, Abbilder von menschlichen Erscheinungen des Erleuchteten. Der Turm ist heute das Wahrzeichen von Hue.
In Thien Mu praktizierte der Mönch Thich Quang Duc, der 1963 für Aufsehen sorgte. Mit einem hellblauen Austin, der in einem rückwärtigen Gebäude der Pagode zu sehen ist, fuhr er nach Saigon und verbrannte sich vor den Augen der Weltpresse aus Protest gegen die Gräuel des Diem-Regimes.

KAISERGRÄBER (LANG KHAI DINH)
(139 D3) (*ld G7*)

Die sechs Kaisergräber der Nguyen-Dynastie liegen 7 bis 14 km südlich von Hue. Sie sind Ziel organisierter Touren,

LOW BUDG€T

Absolute Schnäppchen in Hue sind die zehn Zimmer (ab 12 Euro) im *Sunny C Hotel Binh Duong IV (7/25 Hai Ba Trung | Tel. 054 3 84 96 62 | www. binhduonghotel.com)* mit TV, PC, gratis WLAN und teils Balkon, Frühstück im Bett oder auf der Terrasse.

Im zentral gelegenen, aber ruhigen *Green Heaven (21 La Hoi | An-Hoi-Halbinsel | Tel. 0511 3 96 29 69 | www. hoiangreenheavenresort.com)* verteilen sich die schönen Zimmer (ab ca. 35 Euro) mit Topbädern rund um den Pool im Innenhof. Die Altstadt ist über die Brücke zu erreichen.

In Hue gibt es alle paar Meter *Bun-Bo-Hue-Lokale (z. B. 11b Ly Thuong Kiet | Tel. 054 3 82 64 60)*. Der Name ist Programm, und gegessen wird, was auf den Tisch kommt: eine Schüssel mit *bun bo hue,* der typischen Rindfleisch-Reisnudelsuppe nach Hue-Art (ca. 1 Euro).

zu empfehlen ist jedoch eher die individuelle Anreise im gemieteten Boot über den Parfümfluss *(2 Stunden mit Thien-Mu-Pagode und Minh-Mang-Grab ca. 10 Euro),* eventuell in Kombination mit einem Taxi. Da die Gräber weit voneinander entfernt liegen, empfiehlt sich auch eine private Bootsfahrt mit geliehenem Fahrrad im Gepäck. Die Räder *(ca. 1 Euro pro Tag)* sind überall auszuleihen. Prüfen Sie die Bremsen gut! Weil es an den Gräbern ziemlich voll werden kann, sind der frühe Morgen oder der frühe Abend die günstigsten Zeiten für einen Besuch.

Die Grabstätten sind einander recht ähnlich aufgebaut, meist sind sie von einer Ringmauer umgeben und von einem Ehrenhof mit Geisterallee oder Wächterfiguren gesäumt. In einem Stelenpavillon findet sich eine Marmortafel, auf der die guten Taten des Verstorbenen verzeichnet sind. Hinter dem Pavillon stehen der Tempel zur Verehrung der Kaiserfamilie und das eigentliche Mausoleum.

Kaiser *Tu Duc* ließ sein Grabmal 1864–67 von 3000 Zwangsarbeitern bauen. Die Grabstätte liegt 7 km von der Stadt entfernt und ist umgeben von einer Mauer und Teichen voller Seerosen und Lotos. Tu Ducs Grabanlage zählt zu den romantischen und prachtvollen Meisterwerken der Grabmalbaukunst. Zu seinen Lebzeiten weilte der Kaiser oft hier, um sich der Poesie, dem Schachspiel oder dem Angeln hinzugeben.

Dort, wo sich die beiden Flüsse Ta Trach und Huu Trach zum Parfümfluss vereinigen, liegt ca. 12 km von Hue entfernt die prächtige Grabstätte von Kaiser *Minh Mang.* Mit dem Bau (1840–43) wurde nach seinem Tod begonnen. Der Palast, der Pavillon und die drei prächtigen Eingangstore sind in einem Park um die zwei großen Seen herum gebaut, die den Eindruck einer großzügigen und friedvollen Atmosphäre noch verstärken.

Pavillon mit der Grabstele des Kaisers Tu Duc aus dem 19. Jh

Das Grabmal des Kaisers *Khai Dinh* wurde in den Jahren von 1920 bis 1931 auf dem Berg Chau errichtet. Die Kombination asiatischer und europäischer Bau- und Schmuckelemente zeugt vom besonderen Interesse des Kaisers an der europäischen Kultur. Die vielfarbigen Keramikmosaike im Inneren des Tempels verleihen diesem Grabmal ein anmutiges Aussehen. Khai Dinh, der zwölfte Kaiser der Nguyen-Dynastie, war der Vater von Kaiser Bao Dai, dem letzten vietnamesischen Herrscher. Die Gräber von *Gia Long, Thieu Tri* und *Dong Khanh* sind kleiner und bescheidener.

Im Sommer tgl. 6.30–17.30, sonst 7–17 Uhr | Eintritt je Grabanlage ca. 4,50 Euro (Wechselgeld nachzählen!)

SAIGON UND DER SÜDEN

Frühmorgens ist er am schönsten, kurz nach sechs Uhr, wenn die Sonne über dem riesigen, dunsttrüben Flussdelta aufsteigt: der Mekong, die Lebensader des Südens, der mit neun Seitenarmen, den „neun Drachen", ins Meer mündet. Unter dem Tremolo der Bootsmotoren erwacht Vietnam: Die Fischer in Chau Doc füttern die Welse in den Fischfarmen, in den Restaurants schwatzen die Menschen bei Morgensuppe und Tee oder duftendem *ca phe*, in der Reisnudelfabrik von Can Tho werden die dieselgetriebenen Rührgeräte hochgefahren. Auf dem Cai-Rang-Markt wechseln Früchte und Gemüse ebenso den Besitzer wie Draht und Holzstäbe – von Boot zu Boot wird gehandelt. Hier unten, am Mekong, ist das Leben ein langer, großer Fluss.

Hier im brodelnden Mekongdelta gab es auch früher, im Vergleich zum einst stramm kommunistischen Norden, auffallend wenige Plakate mit sozialistischen Parolen am Wegesrand. „Kapitalistische" Ideen konnten hier nie ganz verschwinden. Denn im Zweifelsfall, so heißt es, ist Hanoi sehr weit weg. So sind Saigon und seine Umgebung jetzt der Motor einer zweiten Revolution: die der städtischen Schickeria, einer kleinen, reichen Oberschicht. Und einer stetig wachsenden, fleißig schuftenden Mittelschicht. Saigon erscheint heute auf den ersten Blick wie ein Wespennest: stets in Bewegung und unglaublich faszinierend. An den puderweichen Stränden von Nha Trang und Phan Thiet/Mui Ne oder auf der Insel Phu Quoc fühlt man sich wie in

Ins Land der tausend Wasserwege: Am Saigon River brodelt das Leben, das Mekongdelta ist die Reiskammer Vietnams

der Karibik, so wunderbar sind die Urlaubsoasen aus feinem Sand, kristallklarem Meer und Kokospalmen. Laisserfaire und Tropenzauber – das ist der Süden Vietnams.

CAN THO

(140 C4) *(m E13)* **Auf den unzähligen Kanälen und mäandernden Wasserwegen bei Can Tho tuckern unablässig die Longtailboote, deren Name sich von der länglichen Schiffsschraube herleitet, die wie ein Quirl durchs Wasser fegt.** Erstaunlich geschickt steuern die Bootsführer ihre hölzernen Gefährte durch die bisweilen enorm schmalen Kanäle – liegen doch manche Wohnhäuser und Pfahlbauten weit vom großen Strom entfernt. Wer das Mekongdelta abseits der ausgetretenen Pfade erleben möchte, ist gut beraten, sich in der 500 000-Einwohner-Stadt einzuquartieren, die das politische, wirtschaftliche und kulturelle Zentrum des Deltas bildet.

SEHENSWERTES

CAI RANG FLOATING MARKET ⭐ 🔵

Der Cai-Rang-Markt von Can Tho ist der bunteste und schönste der sogenannten „schwimmenden Märkte" im Mekong-delta. Allmorgendlich bevölkern unzäh-

ESSEN & TRINKEN

SAO HOM

Beliebtes, immer volles Lokal in der alten Markthalle, wo man sehr schön am Fluss sitzt. Riesige Auswahl an Seafood, chinesischer und indischer Küche sowie

Schwimmender Verkaufsstand auf dem Cai Rang Floating Market

lige, mit Melonen und Ananas, Gurken und Suppentöpfen schwer beladene Ruder- oder Longtailboote den Mekong nahe der Da-Sau-Brücke (ca. 6 km vom Zentrum entfernt). Stundenlang kann man dem farbenfrohen Markttreiben zusehen – am besten mieten Sie sich im Zentrum von Can Tho in der Nähe des Markts ein Boot *(ca. 10 Euro für 2 Stunden)*, um das Spektakel vom Wasser aus zu beobachten. Es empfiehlt sich, früh aufzustehen: Zwischen Sonnenaufgang und ungefähr 8 Uhr ist hier am meisten los, nach 9 Uhr lässt das Geschehen dann wieder nach.

vietnamesischen Klassikern wie Frühlingsrollen und Hot Pots, einige westliche (französische) Speisen und große Eiskarte. Am Flussufer gibt es auch viele preiswerte Garküchen. *50 Hai Ba Trung | Ninh-Khieu-Pier an der Promenade nahe dem Nachtmarkt | Tel. 0710 3 81 56 16 | saohom.transmekong.com | €€*

AM ABEND

Wie wäre es mit einem Ausflug auf dem Hau-Giang-Fluss? Die von Opernarien und Liebesliedern beschallten Boote, die früher an der Ninh-Kieu-Park-Promenade ablegten, sind durch laut dröhnende, mit Lichterketten blinkende drei- bis vierstöckige Restaurant- und Diskoschiffe ersetzt worden. Aber vielleicht mögen Sie ja – wie die Vietnamesen! – solch ein grellbuntes Nachtleben, ein bisschen Las Vegas im Mekongdelta ... Die Boote legen täglich um 18 und 20 Uhr ab.

ÜBERNACHTEN

KIM THO HOTEL
Nehmen Sie in diesem modernen Hotel ein ☼ INSIDER TIPP Zimmer im 8. Stock oder höher – dann können Sie die grandiose Aussicht genießen! Das flussnahe und daher etwas laute Haus überzeugt darüber hinaus mit schicken Parkettboden-Zimmern, großen Bädern und seiner eleganten Dachbar. *51 Zi. | 1a Ngo Gia Tu | Tel. 0710 3 81 75 17 | www.kimtho. com | €€*

INSIDER TIPP MEKONG LODGE
Flussoase: saubere Häuschen mit Palmdach direkt am Ufer, Moskitonetz und Open-Air-Bad, Radtouren. Kochkurse sind inklusive. Mitnehmen: Ohrstöpsel (wegen der Frachtboote am frühen Morgen) und Mückenschutz. *30 Zi. | An Hoa | Dong Hoa Hiep | Cai Be | ca. 80 km außerhalb von Can Tho auf halbem Weg nach My Tho | Tel. mobil 093 3 44 93 91 (Mr. Quang) | Tel. in Saigon 08 39 48 21 75-115, -107 | www.mekonglodge.com | €€*

VICTORIA CAN THO RESORT
Auch wenn Sie nicht im Hotel übernachten, gönnen Sie sich einen Sundowner auf der ☼ Terrasse. Den besten Blick auf den quirligen Fluss oder den Tropengarten haben Sie von den Zimmern des kolonial angehauchten Hauses. Für Gäste gibt es zahlreiche Freizeitmöglichkeiten und eine *Kids Corner*. *92 Zi. | Cai Khe Peninsula | Tel. 0710 3 81 01 11 | www. victoriahotels-asia.com | €€€*

AUSKUNFT

Can Tho Tourist (20 Hai Ba Trung | Tel. 0710 3 82 18 52 | www.canthotourist.info)

MARCO POLO HIGHLIGHTS

CHAU DOC

(140 B4) *(🗺 D12)* **In der 200 000-Einwohner-Stadt Chau Doc an der kambodschanischen Grenze verläuft der Alltag noch in sehr ruhigen Bahnen.**

Gemütlich tuckern Longtailboote über den Hau Giang River, von den Decks der Hausboote, die auf leeren Ölfässern schwimmen, springen Kinder ins Wasser. Unter den Hausbooten befinden sich oftmals Netze, in denen Welse gezüchtet werden, die in kleinen Fischfabriken in Chau Doc zerlegt und dann tiefgekühlt in alle Welt transportiert werden. Außerdem ist die Stadt ein Zentrum der vietnamesischen Seidenproduktion. Chau Doc gilt als Schmelztiegel der Kulturen, denn hier leben neben den muslimischen Cham auch viele Chinesen und Khmer. Mit INSIDER TIPP täglich verkehrenden Schnellbooten gelangt man über die Grenze nach Kambodscha: Direkt nach Phnom Penh (und zurück) fahren jeweils am frühen Morgen die *Expressboote von Blue Cruiser (ca. 50 Euro | www. bluecruiser.com),* etwas preiswerter sind *Hang-Chau-Expressboote.* Am exklusivsten, aber nur für Gäste des Victoria Hotels ist die *Victoria Sprite (www.victoriahotelsasia.com). Fahrtdauer jeweils ca. 4 Stunden | Kambodscha-Visum 30 US-Dollar (zwei Passfotos erforderlich!)*

SEHENSWERTES

CHAU GIANG

Wer den Fluss mit der Fähre oder Privatbooten überquert, gelangt in den Cham-Weiler Chau Giang. An der Anlegestelle wird man von Cham-Webern empfangen. Sie erläutern den Besuchern gern ihre jahrhundertealte Webkunst und -kultur und verkaufen INSIDER TIPP kunstvolle, fein gemusterte Wickelröcke für wenig Geld. Nach einem Gang durch den kleinen Ort gelangen Sie zur *Chau-Giang-Moschee,* die dank der Kuppeln und des Turms nicht zu übersehen ist. Vom ☀ Turm haben Sie einen phantastischen Blick über den Ort und den Fluss. *Fähre ab Anlegestelle Chau Chiang in Chau Doc ca. alle 5–15 Minuten*

NUI SAM ☀

Von diesem 5 km außerhalb der Stadt gelegenen, 230 m hohen Berg können Sie einen schönen Blick auf die umliegenden Hügel und Reisfelder sowie auf das kambodschanische Grenzgebiet genießen. Bei Sonnenuntergang wirken die vielen kleinen Tempel und Pagoden besonders geheimnisvoll. Zum Neujahrsfest und zum alljährlichen Via-Ba-Fest (April/ Mai) strömen um Mitternacht Tausende Gläubige auf den Nui Sam – Daoisten, Cao-Dai-Anhänger und Christen ebenso wie Buddhisten und Muslime.

ESSEN & TRINKEN

Rund um die Markthalle an der Bach Dang gibt es viele Imbissstände und Minilokale – einfach mit Fingerzeig aus den Töpfen aussuchen und auf Plastikschemeln Platz nehmen.

BASSAC ☀

Man gönnt sich ja sonst nichts – außer einmal französisch zu speisen auf der romantischen Flussveranda vom Victoria Hotel (à la carte oder auch Buffet). *1 Le Loi | Tel. 076 3 86 50 10 | www. victoriahotels.asia | €€–€€€*

MEMORY DELICATESSEN

Nicht nur Kuchen und viele mundwässernde Süßigkeiten sowie guten Kaffee gibt es in dem Bäckerei-Café-Lokal, auch Pizza und Burger. *57 Nguyen Huu Canh | Tel. 076 6 29 37 69 | €€*

ÜBERNACHTEN

VICTORIA CHAU DOC HOTEL

Das Hotel bietet schöne Zimmer mit Flussblick von Steinbalkonen und phantastische vietnamesisch-französische Küche. *93 Zi. | 1 Le Loi | Tel. 076 3 86 50 10 | www.victoriahotels-asia.com | €€€*

AUSKUNFT

Mekong Chau Doc Travel (14 Nguyen Huu Canh | Tel. mobil 09 18 66 92 36 (Mrs. San) | www.mekongchaudoctravel.com)

ZIEL IN DER UMGEBUNG

HA TIEN (140 A4) (ⱭⱭ D12)

Die Gegend um Ha Tien wird die „Ha-Long-Bucht des Südens" genannt. Die 40 000-Einwohner-Stadt schmiegt sich an eine von Hügeln begrenzte Bucht des Golfs von Thailand. Seit der Grenzöffnung ins nahe Kambodscha (ca. 10 km) passieren immer mehr Touristen die Stadt auf ihrem Weg von Vietnam entlang der Küsten bis nach Thailand.

Zu Beginn des 18. Jhs. befriedete die chinesische Familie Mac die damals kleine Siedlung und baute sie zum Fürstensitz aus. Aus dieser Zeit übrig geblieben ist die Festung *Phao Dai* mit Ausblick auf die Bucht und den kleinen *Dong Ho,* den Ostsee, der sich zwischen die beiden Granitkegel des *Ngu Ho* und des *To Chau* zwängt. Kunstvoll geschmückt mit Drachenornamenten, Phönixen, Löwenköpfen und Wächterstatuen sind die Familiengräber der Mac-Dynastie, *Lang Mac Cuu (Nui Lang | ca. 3 km nordwestlich vom Stadtzentrum, erreichbar über die Mac Tu Hoang).* In der hübschen, 1730–50 erbauten Pagode *Chua Tam Bao (Mac Thien Tich)* werden die barmherzige Göttin Quan Am und der himmlische Jadekaiser verehrt. An Markt und Flussufer liegt das empfehlenswerte Restaurant *Xuan Thanh (Tham Tuong Sanh/Ecke Ben Tran*

Verwurzelung und Erlösung: am Grabmal der Familie Mac in Ha Tien

Die Türme des Tempels Po Nagar in Nha Trang sind ein Zeugnis der Cham-Hochkultur

Hau | Tel. 077 3 85 21 97 | €). Das *Hai Yen* (85 Zi. | 15 To Chau | Tel. 077 3 85 15 80 | €) ist ein helles Hotel (Zimmer teils mit Kühlschrank), die  Eckräume im 3./4. Stock bieten einen ausgezeichneten Blick über die Stadt. Eine grüne Oase mit schönem Rundblick ist das *Green Hill Guesthouse* (9 Zi. | 905 Hon Chong | Binh Anh | Tel. 077 3 85 43 69 | €) auf einem Hügel oberhalb der Hon-Chong-Bucht.

NHA TRANG

(141 F2) (*H11*) **Rasant entwickelt sich die malerische Küstenstadt ★ Nha Trang mit ihren 370 000 Einwohnern zu einem Zentrum der Touristenszene und zu einer Nizza-Ibiza-Mischung Vietnams.** In einer weiten Bucht am Südchinesischen Meer gelegen, wird die Stadt im Norden von einer kleinen Bergkette mit dem Son-Berg begrenzt. Vor der Küste liegen kleine grüne Inseln, wie geschaffen zum Träumen unter Palmen. Scheinbar endlos zieht sich die Uferpromenade Tran Phu über mehr als 5 km am Strand hin. Im Süden mündet sie in den idyllischen Fischerhafen Cau Da.

LONG-SON-PAGODE

Hier wird Kim Than Phat To verehrt, der weiße Buddha, der auf einem Hügel hinter der Pagode weithin sichtbar sitzt. 152 Steinstufen führen hinauf, vorbei an einem riesigen liegenden Buddha. Die Pagode selbst wurde im 19. Jh. gebaut. Der Altar ist von bunten Drachen gesäumt, die sich um Säulen winden. *Thai Nguyen | ca. 500 m westlich vom Bahnhof*

PO NAGAR

Wahrzeichen von Nha Trang ist der Cham-Tempel Po Nagar auf einem Hügel im Norden der Stadt. Er besteht aus vier Türmen und wurde vermutlich zwischen dem 9. und dem 13. Jh. errichtet. Geweiht ist er Po Ino Nagar, der Schutzgöttin der Stadt, einer Inkarnation der Gattin Shivas (Durga, auch: Parvati), der göttlichen Mutter. Von der Anlage haben Sie eine schöne Aussicht über den Hafen mit bunt bemalten Fischkuttern. *Tgl. 6–18 Uhr | Eintritt ca. 1 Euro*

ESSEN & TRINKEN

MEDITERRANEO

Wer zur Abwechslung mal spanisch und italienisch essen möchte, geht in dieses kleine, feine Lokal von Sabina und probiert z. B. die Gnocchi mit Pesto. *92 Nguyen Thien Thuat | Tel. 058 3 52 18 27 | €€*

SAILING CLUB – SANDALS RESTAURANT

Schummriges Garten- und Strandlokal sowie beliebter Diskoclub. Ab 22 Uhr wird es voll, laut und heiß (Lagerfeuer). Serviert werden internationale Crossover-Speisen und viele Cocktails. Hier muss man einfach mal gewesen sein! *72–74 Tran Phu | Tel. 058 3 52 46 28 | www.sailingclubnhatrang.com | €€€*

FREIZEIT, SPORT & STRAND

INSELTOUREN

Sehr beliebt sind Bootstouren zu den vorgelagerten Inseln; man sollte beim Buchen einer Tour nicht zu geizig sein und sich unbedingt bei anderen Reisenden nach ihren Erfahrungen mit zuverlässigen Reisebüros erkundigen, wie z. B. *Jungle Travel (32 Tran Quang Khai | www. vietnamjungletravel.com).*
Darüber hinaus fährt auch eine *Seilbahn (tgl. 8–22 Uhr | ca. 3 Euro)* übers Meer nach *Hon Tre.*

STRAND

Der 6 km lange Nha Trang Beach ist breit und fast überall von Kokospalmen gesäumt. Hier kann man Liegestühle mieten und perfekt relaxen.

TAUCHEN

Rainbow Divers (Rainbow Bar | 90a Hung Vuong | Tel. 058 3 52 43 51 | Tel. für Whale Island 058 3 81 37 88 | Hotline mobil 091 3 40 81 46 | www.divevietnam.com), der führende Tauchveranstalter in Vietnam, bietet auch bei Nha Trang Kurse an.

AM ABEND

Angesagt sind Beachclubpartys à la Ibiza: Irgendwo brennt ein großes Feuer, aus

Zum Relaxen: Nha Trang Beach

den Boxen wummert House oder tönt sanfter Lounge-Sound – und vor dem frühen Morgen geht niemand zu Bett. Orte des Geschehens sind beispielsweise der weitläufige *Sailing Club* oder *La Louisiane Brewhouse & Restaurant (29 Tran Phu Beach | www.louisianebrewhouse.com. vn)* (mit Livemusik).

ÜBERNACHTEN

ASIA PARADISE HOTEL ☼

Moderne, schicke und helle Zimmer mit Parkettboden und allem Komfort, teils mit Riesenfenster oder Balkon zum Meer (8.–11. Stock). Schönes Dachterrassenlokal mit kleinem Pool, Massage, Sauna, Fitnesscenter. *79 Zi. | 6 Biet Thu | Tel. 058 3 52 46 86 | www.asiaparadisehotel. com | €€–€€€*

EVASON ANA MANDARA RESORT & SPA

Die First-Class-Strandherberge mit 74 Bungalows und Villen (teils mit Meerblick) im tropischen Garten zeichnet sich aus durch puren Luxus, liebevolle Details und wunderschönes Bambus-Holz-Rattan-Dekor. Zu den Einrichtungen zählen zwei Open-Air-Restaurants, Pools und ein Tennisplatz, und es gibt jede Menge Wassersportangebote. *86 Tran Phu | Tel. 058 3 52 22 22 | www.sixsenses.com | €€€*

INSIDERTIPP RIPTIDE HOMESTAY

Hier wohnen die Gäste abseits des Trubels (Minimum zwei Übernachtungen). Man kann auch gute Touren buchen (z. B. Schnorcheln, Tauchen oder Motorradtouren) und profitiert von der langjährigen Vietnamerfahrung des kanadischen Gastgebers Owen und seiner Frau Mai. *6 Zi. und Apartments | 15/8 Thap Ba | Ngo Den (ca. 4 km vom Zentrum) | Tel. 058 3 54 52 68 | www.homestaynhatrang. com | www.owee58.com | €*

AUSKUNFT

Khanh Hoa Tours (1 Tran Hung Dao | Tel. 058 3 52 81 00 | www.nhatrangtourist. com.vn)

ZIELE IN DER UMGEBUNG

Wer es einsam liebt, dem sei der idyllische *Doc Let Beach* auf der Halbinsel *Hon Khoi* (141 F2) *(⫘ H10)* ca. 50 km nördlich der Stadt empfohlen (Abzweigung bei Ninh Hoa). Ruhig und familiär ist das INSIDERTIPP *Some Days of Silence Resort & Spa (Dong Hai, Ninh Hai, Ninh Hoa | Tel. 058 3 670 9 52 | www.somedaysresort. com | €€€)* der deutsch-vietnamesischen Künstlerin Ki-em. Am kilometerlangen flachen Strand liegen die neun Bungalows mit Pfostenbetten, schönem Bad und Terrasse zum Meer. Es gibt einen Meditationsraum mit antiken Pagodensäulen! Ebenfalls auf der Halbinsel befindet sich das INSIDERTIPP *Six Senses Ninh Van Bay (52 Villen | Ninh-Van-Bucht | Ninh Hoa | Tel. 058 3 52 42 68 | www.sixsenses.com | €€€):* rustikale, aber sehr komfortable Villen aus Naturmaterialien am Strand, auf Stelzen über dem Wasser, versteckt zwischen Felsen oder am Hügel, alle mit kleinem Pool. Nur per Boot zu erreichen (ca. 20 Minuten Fahrt).

PHAN THIET

(141 E3) *(⫘ G12)* **Die Provinzhauptstadt (170 000 Ew.) ist berühmt für ihre Fischsauce. Doch mehr noch: Mit der traumhaften Halbinsel Mui Ne und einer weiten Bucht unter Kokospalmen hat Phan Thiet sich zu einem der beliebtesten Badeziele in Vietnam entwickelt.**

1995 wurde die erste Bungalowanlage am Strand eröffnet, heute konkurrieren angeblich allein 200 Hotels der Drei- bis Viersterneklasse entlang der 16 km langen, teils boulevardartig gestalteten Strandstraße. Trotzdem finden sich noch immer die Fischer mit ihren Kuttern, Körben und Netzen am teils sehr schmalen Strand ein. Die lange, sonnenverwöhnte Küste – mit ihrer sehr abwechslungsreichen Landschaft von Saharadünen bis Regenwald und den richtigen Wellen zum Surfen – lockt Investoren und Touristen gleichermaßen an. Je nach Jahreszeit, Wind und Wetter kann der Strand allerdings teils stark erodiert und verschmutzt sein.

Erfrischung auch für Vierbeiner im Fischerhafen von Mui Ne

SEHENSWERTES

MUI NE ★

Der kleine Ort *Mui Ne* hat einen lebendigen Hafen und einige kleine Fischsaucenfabriken. Am Ende der gleichnamigen Halbinsel leuchten rotorangefarbene bis gelbweiße Sandhügel und Dünen *(Bao Trang)*, die mit Jeeps, Quadbikes oder zu Fuß (feste Schuhe anziehen, der Sand glüht schon um 9 Uhr morgens) erobert werden. Der „Weiße See" *Ba Bau* ist ein malerisches Seengebiet mit Lotosblüten inmitten von schneeweißen Sanddünen nahe der Hon-Nghe-Bucht.

PO-SHANU-TÜRME

Nahe dem Mui-Ne-Strand, auf dem *Ngoc-Lam-Hügel,* erhebt sich das am südlichsten gelegene Cham-Heiligtum in Vietnam. Die drei kleinen Po-Shanu-Türme aus dem 8. Jh. sind weniger verziert als die berühmten Türme in Po Nagar und Po Klong Garai; sie sind der Königin Po Shanu gewidmet. Von hier bietet sich ein schönes Panorama der Küste und der Stadt Phan Thiet. *Eintritt ca. 0,50 Euro*

ESSEN & TRINKEN

RUNG FOREST RESTAURANT

Dschungelig-uriges, großes Lokal mit Terrasse zur Straße. Serviert wird vorwie-

Landschaft in Ziegelrot: Wanderung durch den Red Sand Canyon

gend vietnamesische Küche; auch Pasta, Weine und Cocktails. Abends gibt es Folkloreaufführungen. *67 Nguyen Dinh Chieu | Tel. 062 3 84 75 89 | €€*

FREIZEIT & SPORT

SURFEN

Jedes Jahr im Februar treffen sich in Mui Ne Hunderte von Wassersportenthusiasten zum *Fun Cup*. Phan Thiet und Mui Ne sind als besonders regenarme Region bekannt und ziehen deshalb fast das ganze Jahr über eine internationale Surferschar an. Die besten Zeiten fürs Surfen sind September/Oktober bis Dezember, fürs Kitesurfen November bis März/April. *www.windsurf-vietnam.com*

WANDERN

Eine beliebte Wanderung (ca. eine Stunde) führt beim Dorf *Ham Tien* an einem Bach entlang durch die Dünen und vorbei an den rot leuchtenden Felswänden des kleinen *Red Sand Canyon* bis zur Quelle *Suoi Tien (Fairy Springs),* wo eine kleine Kaskade sprudelt.

AM ABEND

THE HOT ROCK

Kleine Open-Air-Bar zum Absacken: mit Sangria, Bier, guten Weinen und Cocktails und ein paar Snacks. Chef Mike sorgt für Livemusik, und man kann tanzen oder sogar selber singen, ganz gelassen und altmodisch. *79a Nguyen Dinh Chieu | Ham Tien | €*

JIBE'S

In der Mitte des Strands trifft sich abends die Surferszene. *90 Nguyen Dinh Chieu | km 13 | www.windsurf-vietnam.com*

MIA MUI NE

Angesagter, lifestyliger Club mit dem hervorragenden *Sandals Restaurant* (€€€) mit Fusion-Food sowie gediegener ● Strandbar mit guten Cocktails. *24 Nguyen Dinh Chieu | Ham Tien | www. miamuine.com*

ÜBERNACHTEN

CHAM VILLAS

Herausragend auf Mui Ne: palmblattgedeckte, stilvoll dekorierte Bungalows mit Himmelbetten, üppiges Grün und ein Riesenpool. Deutsches Restaurant. *16 Bungalows | 32 Nguyen Dinh Chieu |*

Ham Tien | Tel. 062 3 74 12 34 | www.chamvillas.com | €€€

COCO BEACH RESORT

Eines der angenehmsten Bungalowdörfer am Strand: Stelzenhäuschen und Villen verteilen sich am Meer und im Garten (ohne TV, aber klimatisiert). Zwei sehr gute Restaurants, kleiner Pool. *34 Bungalows | 58 Nguyen Dinh Chieu | km 12,5 | Ham Tien | Tel. 062 3 84 71 11 | www.cocobeach.net | €€€*

INSIDER TIPP FULL MOON BEACH RESORT

Hübsche Holzbungalows, Zimmer mit Himmelbetten und rosa gefliesten Bädern. Hier steigt die Surferszene ab. *27 Zi. | km 13,5 | Ham Tien | Tel. 062 3 84 70 08 | www.fullmoonbeach.com.vn | €€*

INSIDER TIPP HIEP HOA RESORT

Eng beieinanderstehende blaue Hütten und ein zweistöckiger Bau; die Reihenhäuser verfügen über Ventilator oder Aircondition sowie Terrasse oder Balkon zum schattigen Garten bzw. Palmenstrand. Nebenan hat ein Nachtclub eröffnet. *15 Zi. | 80 Nguyen Dinh Chieu | Tel. 062 3 84 72 62 | www.muinebeach.net/hiephoa | €*

MIA RESORT

Hübsche Anlage, Zimmer mit französischen Balkonen, australisches Management. *31 Zi. | 24 Nguyen Dinh Chieu | Ham Tien | Tel. 062 3 84 74 40 | www.miamuine.com | €€–€€€*

ZIEL IN DER UMGEBUNG

TA CU (141 E3) (*G11*)
Auf dem 694 m hohen Berg Ta Cu (auch: Ta Ku) im gleichnamigen Naturschutzgebiet liegt die wohl längste Buddhastatue Vietnams: Der Sakyamuni-Buddha misst stattliche 49 m von den Zehenspitzen bis zum erleuchteten Haupt. Sie erreichen ihn auf einer rund zweistündigen Wanderung durch den Wald oder – ganz bequem – in zehn Minuten mit der Seilbahn. Oben empfängt sie das über 150 Jahre alte Kloster *Linh Son Truong Tho (tgl. 6.30–18 Uhr | Eintritt inkl. Seilbahn*

LOW BUDG€T

Das **INSIDER TIPP** *Town House 50* (U C4) (*c4*) *(12 Zi. | 50e Bui Thi Xuan | Tel. mobil 090 3 74 09 24)* in Saigon bietet moderne Zimmer (WLAN, schöne Bäder) und üppiges Frühstück mit viel frischem Obst. Das ultraschicke *Town House 23* (U D4) (*d4*) *(23 Dang Thi Nhu)* hat auch einen Schlafsaal. Ab ca. 10 Euro.

Im Open-Air-Lokal *Lac Canh (44 Nguyen Binh Khiem | Tel. 058 3 82 13 91)* in Nha Trang gibt's Meeresfrüchte (ab 2 Euro), Hühnchen, Rindfleisch-BBQ (ab 2,50 Euro).

Jungle Beach Resort (Hon-Khoi-Halbinsel, rund 60 km nördlich von Nha Trang | Tel. 058 3 62 23 84 | Tel. mobil 091 3 42 91 44 | www.junglebeachvietnam.com): Breiter Strand, spartanische Hütten (ca. 40 Euro, drei Mahlzeiten inklusive).

Cat Huy Hotel (U C4) (*c4*) *(10 Zi. | 353/28 Pham Ngu Lao | Tel. 08 39 20 87 16 | www.cathuyhotel.com):* Im Backpackerviertel von Saigon liegt dieses sechsstöckige Minihotel (kein Lift) mit hellen, gemütlichen Zimmern (teils Balkon). Ab 17 Euro.

ca. 7 Euro | ca. 30 km südwestlich von Phan Thiet bei Ham Thuan Nam) die Pilger und Besucher.

PHU QUOC

(140 A4) *(🗺 C–D12–13)* **Urlaub machen, wo – tatsächlich! – der Pfeffer wächst: ⭐ Phu Quoc, die größte Insel Vietnams, liegt nahe der kambodschanischen Grenze.**

Das Terrain für zahllose Luxusresorts ist kilometerweit abgesteckt (leider viele Baustellen). Auf Erkundung warten 40 km Strände mit Kokospalmen vor einer Dschungelkulisse, vor allem an der Südostküste. Ein 27–Loch-Golfplatz (Vinpearl Hotel) ist eröffnet, geplant sind vier weitere Golfplätze, ein Kreuzfahrtpier und ein Kasino. Phu Quoc (90 000 Ew.) mit seiner Hauptstadt Duong Dong soll das vietnamesische Phuket werden, mit 2–3 Mio. Urlaubern im Jahr.

In der Wintersaison gibt es nach Phu Quoc täglich neun Flüge ab Saigon, fünf ab Can Tho und einen ab Rach Gia sowie täglich mehrere Speedboote (ca. 10 Euro), die von Ha Tien und Rach Gia aus verkehren. Nicht zu empfehlen sind die spottbilligen Fähren ab Ba Hon/Ha Tien – sie sind vor allem in der Regenzeit gefährlich und teils illegal.

SEHENSWERTES

NATIONALPARK PHU QUOC

Phu Quoc heißt übersetzt „99 Berge". Allerdings sind die bis zu 603 m hohen Berge im Nationalpark im Norden derzeit noch militärisches Sperrgebiet. An der Schotterpiste an Ost- und Nordküste spenden haushohe Baumriesen Schatten, und Grillen lassen die Regenwaldkulisse wie einen pfeifenden Wasserkessel klingen. Bei der Rundtour um Nationalpark und Insel erblickt man am Nordwestzipfel Phu Quocs beim Fischerort *Ganh Dau* die 4 km entfernte Küste Kambodschas mit der Insel *Ses*.

ESSEN & TRINKEN

Auf dem Nachtmarkt in der Inselhauptstadt Duong Dong *(Vo Thi Sau | €)* gibt es täglich ab 16 Uhr frischeste Meeresfrüchte und Fisch (Hot Pots, Riesengarnelen, Tintenfisch …).

EDEN

Lokal und Guesthouse im südlichen Abschnitt des Bai-Truong-Strands. Von Frühstücksei bis Cocktails, von Billard bis Diskotanz, also von früh bis spät werden die Gäste hier versorgt. *118 Tran Hung Dao | 7 Ward (Beach Road) | Duong Dong | Tel. 077 3 98 55 98 | www.edenresort.com. vn | €€*

PALM TREE

Großes und freundliches Lokal: viel frischer Fisch und Meeresfrüchte, Barbecue, aber auch Wiener Schnitzel, Burger, Pizza und Cocktails. *Tran Hung Dao | Bai Truong (Long Beach) | Tel. mobil 097 8 99 80 27 | €*

SAKURA

Die Köchin Kiem serviert hier leckere Hausmannskost, immer frisch, wie die vielen Meeresfrüchte- und Fischgerichte, sehr gute Currys. *Zugangsstraße zum Ong Long Beach (nahe Mango Bay Resort) | Tel. 077 3 98 51 37 | Tel. mobil 0122 8 18 34 84 | €*

FREIZEIT, SPORT & STRÄNDE

STRÄNDE

Der *Bai Truong (Long Beach)* an der Westküste südlich von Duong Dong ist eine rund 20 km lange, goldgelbe, palmenbestandene Sandpiste, die sich bis zum Fischerhafen *An Thoi* an der Südspitze der Insel erstreckt. 4 km sind bisher mit Bungalowanlagen und Hotels erschlossen – fast der einzige Platz in Vietnam für Sonnenuntergänge am Strand. Der schön geschwungene *Bai Ong Lang* (nördlich von Duong Dong) hält einige Kilometer Abgeschiedenheit mit felsigen Abschnitten bereit. Der wunderschöne *Bai Sao* mit schneeweißem Pulversand und Palmen liegt im tiefen Süden nahe An Thoi.

TAUCHEN

Die Fischer in An Thoi oder Ausflugsboote der Hotels (ab Bai Truong) bringen Touristen zu den vorgelagerten Inseln, etwa zur Schildkröteninsel *Hon Doi Moi* im Norden (am besten schnorchelt es sich am Strand *Bai Vung Bau*) und zum winzigen *An-Thoi-Archipel* im Süden mit Korallenriffen im kristallklaren Wasser. Die Tauchgründe zählen zu den besten in Vietnam, mit Sichtweiten bis zu 15 m (Okt.–April).

Die *Rainbow Divers (in Duong Dong am Anfang der Tran Hung Dao/Beach Road oder abends im Rainbow Restaurant südlich vom Tropicana Resort am Bai Truong | Tel. mobil 091 3 40 09 64 | www.divevietnam.com)* bieten in der Tauchsaison PADI-Kurse an.

WANDERN

Man kann Wanderausflüge zu einigen kleinen Wasserfällen und Quellen im Südosten von Duong Dong machen, z. B. zur Quelle *Suoi Tranh,* außerdem zu Höhlen und Pfefferplantagen. Die beste Zeit für Inselexkursionen ist die Trockenzeit im Winter.

ÜBERNACHTEN

MAI HOUSE

Eine ruhige tropische Gartenoase mit palmblattgedeckten Bungalows und origineller Einrichtung aus Holz, Terrakotta, Bambus und Rattan. Es gibt hier keine Klimaanlage und kein TV.

Sonne, Sand und Dschungel: Palmenstrand auf Vietnams größter Insel Phu Quoc

25 Zi. | Bai Truong | Tel. 077 3 84 70 03 | Tel. mobil 091 8 12 37 96 | www. maihouseresortphuquoc.com | €€–€€€

MANGO BAY RESORT 🌿

Völlig überteuerte Ökohäuser und hölzerne Hütten unter Palmen, teilweise mit Open-Air-Bad, ☘ Veranden mit Meerblick. Schönes, luftiges Seafoodrestaurant, etwas felsiger Strand. *31 Zi. | Bai Ong Lang | Tel. 077 3 98 16 93 | www. mangobayphuquoc.com | €€€*

SAIGON PHU QUOC RESORT

Das nahe der Hafenstadt gelegene Resort bietet Balkonzimmer, Suiten, Garten- und Strandbungalows, teils mit Internetzugang und Jacuzzi-Duschen. Pool, Kinderspielplatz, Tennisplatz, Karaokedisko, Restaurants, Bars. *43 Zi. | Bai Truong | Tel. 077 3 84 69 99 | www. vietnamphuquoc.com | €€€*

THAI TAN TIEN

Spartanische Häuschen, ca. 50 m vom Long Beach entfernt und über einen kleinen Holzpfad erreichbar: Terrassen mit Hängematten, rustikales Strandlokal. *30 Zi. | Tran Hung Dao | Tel. 077 3 84 77 82 | www.thaitantienresort.com | €€*

LA VERANDA – M GALLERY COLLECTION

Boutiquehotel mit sechs luxuriösen Villen. Großer Pool, französische Küche im kolonial angehauchten Restaurant. *70 Zi. | Bai Truong | Tel. 077 3 98 29 88 | Tel. in Deutschland 069 95 30 75 95 | www. mgallery.com | €€€*

AUSKUNFT

Phu Quoc Island Information Center (26 Nguyen Trai | Duong Dong | Tel. 077 3 99 41 81) | Infos auch auf www.phu quocislandguide.com

SAIGON (HO-CHI-MINH-STADT)

📍 KARTE IM HINTEREN UMSCHLAG
(140 C3) *(🗺 E–F12)* **Saigon mit seinen rund 7 Mio. Einwohnern ist das alte und neue Kraftzentrum der Republik Vietnam.**

Während Hanoi auf eine 1000-jährige Geschichte zurückblicken kann, sind nur fast 350 Jahre vergangen, seit die Vietnamesen 1674 am Ende ihres langen Zugs nach Süden jenen Ort erreichten, der heute offiziell Ho-Chi-Minh-Stadt heißt.

Vietnams größte Stadt, die in 19 Bezirke *(quan)* eingeteilt ist, hat sich viel von ihrem Charme aus der französischen Kolonialzeit erhalten. Gleich daneben präsentiert sich das Saigon von heute: quirlige Metropole, in der sich Millionen Mopeds drängen. Zwischen Lastern und Bussen versuchen sich Rikschas und Fußgänger ein wenig Platz zu erkämpfen – ein einziges waberndes, knatterndes Chaos.

Mittendrin befinden sich bunte Tempel oder Pagoden und Märkte wie Binh Tay in Saigons „Chinatown", dem westlichen Stadtbezirk ⭐ Cho Lon. Cho Lon war früher eine eigene Stadt, der Name bedeutet „Großer Markt". Hier trieben vor rund 300 Jahren die aus Südchina geflüchteten Chinesen Handel, und so tun es auch ihre Nachfahren – auf den Gehwegen, in den engen Gassen und in der mehrgeschossigen Markthalle.

Eine 🔵 Tour mit dem Cyclo, der Fahrradrikscha, führt durch den für Europäer manchmal atemberaubenden Verkehr (Tipp: nur die organisierten Touren übers Hotel oder Reisebüro buchen).

Saigon hoch oben: Blick vom AB Tower auf die Skyline mit dem Bitexco Financial Tower

Seit 2010 erhebt sich im 1. Bezirk der erste echte Wolkenkratzer Vietnams, der 265 m hohe 🟢 🔆 *Bitexco Financial Tower (tgl. 9.30–21.30 Uhr | Eintritt Aussichtsplattform im 49. Stock ca. 9 Euro | zwischen Ngo Duc Ke und Hai Trieu | www. bitexcofinancialtower.com)* mit 68 Stock-

werken, Einkaufszentrum, Hubschrauberlandeplatz und einem Café im 50. Stock.

ALTE OPER/STADTTHEATER
(U E3) (*🗺 e3*)

Das um die Wende zum 20. Jh. entstandene Gebäude wurde nach 1956 als Versammlungshalle für einen Teil des südvietnamesischen Parlaments genutzt. Seit 1975 dient es, auch Saigon Concert Hall genannt, wieder als Theater. Es wird auch eine einstündige touristisch-artistische Show *(tgl. 18 und 20 Uhr | Eintritt ab 28 Euro | www.aoshowsaigon.com)* geboten. *Dong Khoi/Ecke Le Loi | Infos an der Kasse und auf www.hbso.org.vn*

CHUA GIAC LAM (0) (*🗺 0*)

Giac Lam, die älteste Pagode Saigons, wurde 1744 erbaut. Zehn Mönche leben in dem Gebäude, das daoistische und konfuzianische Einflüsse widerspiegelt. Auffallend sind 118 vergoldete Holzsta-

---

CITY WOHIN ZUERST?

Lassen Sie sich per Mopedtaxi, Cyclo oder Taxi zur **Kathedrale Notre Dame (U D3)** *(🗺 d3)* bringen, wo Sie Ihren Spaziergang starten. Am Einkaufsboulevard Dong Khoi (der kolonialen Rue Catinat) liegen die meisten Hotelklassiker, etwa Continental oder Majestic, weiter geht's vorbei an der Hauptpost und der Alten Oper bis zur Flusspromenade. Oder Sie verschaffen sich vom **Bitexco Financial Tower (U D3)** *(🗺 d3)* aus einen ersten Überblick über die Stadt.

tuen, u. a. verschiedene Darstellungen Buddhas, sowie die kunstvollen Schnitzarbeiten am Altar und an den 98 Säulen der Haupthalle. *118 Lac Long Quan | 3 km nordwestlich von Cho Lon*

CHUA NGOC HOANG ★ ●
(U D1) *(𝄞 d1)*

In der wichtigsten Pagode Saigons verehren die Daoisten Ngoc Hoang, den mächtigen Jadekaiser. Der Haupteingang mit den Wächterfiguren führt jedoch zunächst zu einem buddhistischen Altar mit Bodhisattva-Darstellungen und der Buddha-Trinität Tam Phat. Erst dann gelangt man in die Haupthalle mit der Statue des Jadekaisers, der von seinen Ministern Bac Dau und Nam Tao sowie vier Wächtergestalten umgeben ist. Den Seitenraum links des Altars beherrscht der Höllenfürst Than Hoang; auf Holztafeln sind die Qualen der zehn Höllen dargestellt. Doch der Himmel ist nicht weit entfernt. Der kleine Raum zur Rechten zieht viele Eltern und kinderlose Ehepaare an:

Hier geben zwölf himmlische Frauen, in kostbare Seide gehüllt, ihren Segen und Hoffnung auf Nachwuchs. Die Keramikfiguren (mit Kindern im Arm) symbolisieren auch die zwölf Tierkreiszeichen des chinesischen Mondkalenders. *73 Mai Thi Luu | nördlich des Zentrums*

CHUA QUAN AM (O) *(𝄞 O)*

1816 errichtete die Fujian-Gemeinde diese der barmherzigen Göttin Quan Am gewidmete Pagode, eine der schönsten in Cho Lon. Auf dem ersten Hauptaltar wird die Himmelskönigin und Beschützerin der Seeleute Thien Hau verehrt, neben ihr Thich Ca, der historische Buddha (Sakyamuni). Dieser geht zurück auf die historische Gestalt Buddhas in Indien, Siddharta Gautama, und ist gleichzeitig Buddha der Gegenwart. An der Seite lächelt zufrieden Di Lac, der Buddha der Zukunft. Im offenen Hof steht die weiß gekleidete Quan Am, flankiert von General Bao Cong, Höllenfürst Than Hoang und Finanzgott Than Tai. *12 Lao Tu*

In der Pagode Chua Quan Am werden daoistische und buddhistische Gottheiten verehrt

Ho Chi Minh
(Cho Lon)

500 m
547 yd

CHUA THIEN HAU (0) (🗺 0)

Die Legende besagt, dass Thien Hau, die Schutzgöttin der Fischer und Seeleute, auf einer Matte über die Ozeane reisen und rittlings auf Wolken überallhin gelangen kann. Die Pagode wurde der Göttin zu Ehren von der kantonesischen Gemeinde im frühen 19. Jh. errichtet. Sie gilt vor allem wegen ihrer herrlichen Dachgestaltung mit vielen bunten Keramikgestalten – dargestellt sind u. a. lauter kleine Teufel – als die schönste Pagode Cho Lons. *710 Nguyen Trai/Ecke Trieu Quang Phuc, im Zentrum von Cho Lon*

HAUPTPOSTAMT (U D3) (🗺 d3)

Das 1886–91 in der Kolonialzeit entstandene Hauptpostamt beeindruckt durch eine himmelhohe gusseiserne Deckenkonstruktion, viel Glas und alte Landkarten. Hier gibt es eine Wechselstube, eine Touristeninfo – und ATM-Geldautomaten in schönen alten Telefonzellen! *Dong Khoi (gegenüber der Kathedrale)*

HISTORISCHES MUSEUM ★ (U E2) (🗺 e2)

Das schöne Gebäude birgt eine Vielzahl von Exponaten, zu denen auch eine bronzezeitliche Trommel der Dong-Son-Dynastie gehört. Besonders beachtenswert sind die Räume Nr. 6 mit Keramiken der Le-Dynastie, Nr. 7 und Nr. 8 mit Schiffsmodellen, Kleidungsstücken und Instrumenten der Tay-Son-Dynastie sowie Nr. 9 mit Keramikvasen aus verschiedenen asiatischen Ländern. In Raum Nr. 12 steht der Dong-Duong-Bronzebuddha aus der frühen Cham-Zeit. Im Museum gibt es

bei mindestens zehn Interessenten *Aufführungen des Wasserpuppentheaters (9,
10, 11, 14, 15 und 16 Uhr | EG Raum Nr. 11).
Di–So 8–11.30, 13.30–17 Uhr | Eintritt ca.
0,70 Euro | 2 Nguyen Binh Khiem | Foto-
grafieren ist nicht gestattet*

HO-CHI-MINH-MUSEUM ●
(U E4) (🗺 e4)

Im 1863 erbauten „Drachenhaus" Nha
Rong an der Mündung des Ben-Nghe-
Kanals in den Saigon River heuerte 1911
ein junger Kommunist namens Ho Chi
Minh alias Ba an, um als Küchenjun-
ge auf dem Passagierdampfer „Admiral
Latouche Tréville" zu arbeiten. An diese
und andere Phasen im Leben des gro-
ßen Revolutionärs erinnert das interes-
sante Museum. Sehenswert im 2. Stock:
INSIDER TIPP ▶ bunt-poppige Plakate von
Ho Chi Minh für die MTV-Generation. *Di–
So 7.30–11.30, 13.30–17 Uhr | Eintritt ca.
0,70 Euro | 1 Nguyen Tat Thanh*

HÔTEL DE VILLE (RATHAUS)
(U D3) (🗺 d3)

1901–08 entstand das „Hôtel de Ville",
das Rathaus von Saigon. Heute ist es Sitz
des Volkskomitees der Stadt. *Am nördlichen Ende der Nguyen Hue*

KATHEDRALE NOTRE DAME
(U D3) (🗺 d3)

Die Kathedrale steht am nördlichen Ende
der Dong Khoi. Das neoromanische Gotteshaus wurde 1877–83 aus rötlichem
Backstein erbaut. Auffallend sind die
zwei hohen quadratischen Türme mit ei-
sernen Spitzen. *Messen tgl. ab 4.30 und
17 Uhr, So auch um 9.30 Uhr*

KRIEGSRELIKTEMUSEUM
(U C3) (🗺 c3)

Für diese Ausstellung braucht man bisweilen starke Nerven. Detailliert wird
auf die Massaker eingegangen, die die
Amerikaner im Vietnamkrieg an der vietnamesischen Bevölkerung verübten,
wie beispielsweise in My Lai. Ferner werden die Auswirkungen der chemischen
Kampfstoffe und der Dioxinvergiftun-
gen gezeigt. Im Hof des Gebäudes stehen erbeutete Panzer, Hubschrauber
und Flugabwehrgeschütze. Wer seinen
Kindern die teils drastischen Bilder lieber ersparen will, kann sie in den Kin-
derspielraum im 2. Stock bringen, wo
Frauen sich um die Kleinen kümmern.
*Tgl. 7.30–12, 13.30–17 Uhr | Eintritt ca.
0,70 Euro | 28 Vo Van Tan/Ecke Le Qui Do |
warremnantsmuseum.com*

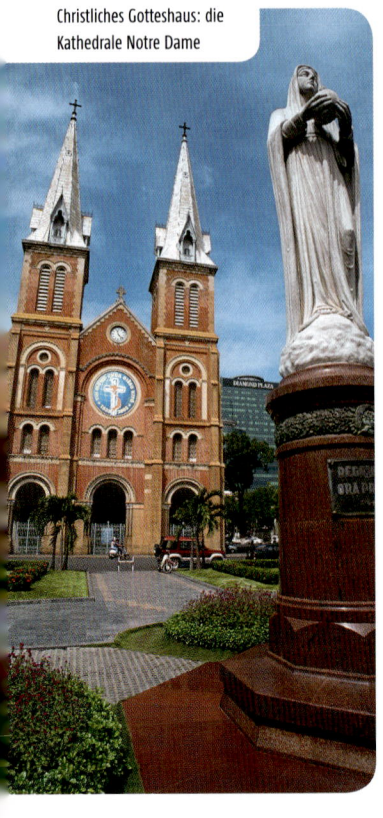

Christliches Gotteshaus: die
Kathedrale Notre Dame

MUSEUM OF VIETNAMESE TRADITIONAL MEDICINE (FITO MUSEUM) (U A3) (🗺 a3)

Eine pharmazeutische Firma zeigt in einem schönen alten Haus rund 3000 Exponate der traditionellen Medizin: Mörser und antike Waagen, Teeservice und Kräuterbehälter, alte Dokumente und Bücher. Im angeschlossenen Laden kann man Tees und Mittelchen gegen Kopfschmerz oder Husten kaufen. *Tgl. 8.30–17.30 Uhr | Eintritt ca. 2 Euro | 41 Hoang Du Khuong | www.fitomuseum.com.vn*

PALAST DER EINHEIT (U D3) (🗺 d3)

Der Palast der Einheit (auch: Wiedervereinigungshalle) steht auf den Fundamenten des 1868 errichteten Palais Norodom, das seinerzeit als französischer Gouverneurssitz diente. 1962 flog ein südvietnamesischer Pilot einen Angriff auf das Palais, um den verhassten Präsidenten Ngo Dinh Diem zu töten. Als Nachfolgebau entstand vier Jahre später das „Weiße Haus Südvietnams", das am 30. April 1975 von nordvietnamesischen Panzertruppen gestürmt wurde. Der prächtigste Raum ist der ehemalige Empfangssaal für Botschafter (2. Stock), auf dem Dach (4. Stock) gibt es einen Getränkestand. *Tgl. 7–11, 13–16 Uhr | Eintritt ca. 1,50 Euro | Besuchereingang in der Nam Ky Khoi Nghia*

ESSEN & TRINKEN

Eine **INSIDER TIPP** abwechslungsreiche Restaurantmeile ist die *Nguyen Dinh Chieu:* kleine, urige vietnamesische Lokale bis hin zu steril-schicken Etablissements, wie z. B. *We* (U C3) (🗺 c3) *(nahe dem Kriegsreliktemuseum | €–€€).*

BUN BO HUE DONG BA (U D4) (🗺 d4)

Die Suppenküche ist spezialisiert auf nur ein Gericht: *bun bo hue,* die Nudelsuppe aus der Kaiserstadt Hue – mit Rindfleischstreifen, Sojabohnensprossen, Bananenblütenstreifen und spinatartigem *Morning Glory,* dazu ein bisschen Chili- oder Fischsauce. *110 Nguyen Du | nahe Ben-Thanh-Markt | www.bunbohuedongba.com | €*

INSIDER TIPP COM MINH DUC (U C4) (🗺 c4)

In der Garküche mit dem Gewusel einer Bahnhofshalle sucht man sich die vietnamesische Hausmannskost aus den Töpfen am Eingang aus, bezahlt wird nach Anzahl der geblümten Plastiktellerchen. Es ist voll, laut und lecker! Zweite *Filiale (100 Ton That Tung | nordwestlich der Pham Ngu Lao). 35 Ton That Tung | €*

INSIDER TIPP CUC GACH QUAN (U C1) (🗺 c1)

In der alten Villa des Architekten Tran Binh steigt man über eine enge Stiege bis unters Dach und speist dort wie in einem rustikalen Wohnzimmer, zwischen Antikem und Skurrilem (wie dem Himmelbettpodest): hervorragende traditionelle Küche, mit Liebe zum Detail serviert. Bei Vietnamesen sehr angesagt, besser reservieren! *10 Dang Tat | kein Schild | Tel. 08 38 48 01 44 | www.cucgachquan.com.vn/en | €€*

LA HABANA (U E3) (🗺 e3)

Tapas und Mojitos, Sangria und Salsa, Zigarren und Paella: In der angesagten Lokalbar herrscht zweifellos die spanisch-kubanischste Atmosphäre, die man sich hier im sozialistischen Bruderstaat vorstellen kann. *6 Cao Ba Quat | Tel. 08 38 29 51 80 | www.lahabana-saigon.com | €€*

HOI AN (U E3) (🗺 e3)

Dinieren bei traditioneller vietnamesischer Musik: gehobenes Lokal in einer schönen Teakvilla auf zwei Etagen. Ente im Hoi-An-Stil, Seafood und Fisch, vegetarische Gerichte und Menüs ab 16 Euro. Beliebt bei Reisegruppen. Reservieren! *11 Le Thanh Ton | Tel. 08 38 23 76 94 | www.orientalsaigon.com.vn | €€€*

NHA HANG NGON (U D3) *(ℳ d3)*

Ein immer volles Haus mit authentischer vietnamesischer Küche! Man sitzt im Freien oder im zweistöckigen Haus. Probieren Sie unbedingt einmal *goi bo bop thau,* den pikanten Rindfleischsalat mit Bananenblüten und Sternfruchtscheiben. *160 Pasteur Ben Nghe | Tel. 08 38 27 71 31 | €€*

WRAP & ROLL (U C4) *(ℳ c4)*

Tausendundeine Variation von Frühlingsrollen in der modernen Imbisskette, ob mit Garnelen oder Hue-Style: immer köstlich. Auf der Karte stehen außerdem Frühstück, Salate, Suppen und Süßes, Fisch und Vegetarisches, abends auch Hot Pots. Zweite *Filiale (111 Nguyen Hue). 97b Nguyen Trai | €*

EINKAUFEN

Die Boulevards im 1. Bezirk laden zum Kaufrausch zwischen Seidenkleidern und Lackwaren, vor allem in den Straßen (U D–E3) *(ℳ d–e3)* Dong Khoi – eher teuer, z. B. bei *Khai Silk (Nr. 107)* –, Hai Ba Trung, Le Loi und Nguyen Van Troi (Galerien). Armani und Gucci, einen tollen *Food Market* sowie Spielräume für Kids bietet das ● *Vincom Center (U E3) (ℳ e3) (70 Le Thanh Ton).* Antiquitäten und Buddhas in allen Größen gibt's in der Trödlergasse Le Cong Kieu, z. B. bei *Familie Ngoc Bich* (U D4) *(ℳ d4) (Nr. 64).* Spottbillige Imitationen, DVDs und T-Shirts finden Sie in den Kaufhäusern *Saigon Square 1* (U D3) *(ℳ d3) (Nam Ky Khoi Nghia | nahe Ben-Thanh-Markt)* und *Saigon Square 3* (U D2) *(ℳ d2) (Hai Ba Trung).* Oder man schiebt sich durchs Gedränge im 1914 erbauten *Ben Thanh Market* (U D4) *(ℳ d4) (tgl. 6–18 Uhr | Le Loi | www.ben-thanh-market.com)* (mindestens 30–50 Prozent runterhandeln; leider viele Taschendiebe; abends Nachtmarkt mit Garküchen). Preiswerter sind der Großhandelsmarkt *Binh Tay Market* in Cho Lon, der *An Dong Market* (U B5) *(ℳ b5) (An Duong Vuong)* (der größte Markt Saigons), der *Nguyen Dinh Chieu Market* (O) *(ℳ 0) (1 Le Tu Tai)* (ein Open-Air-Markt mit Waren von Kleidung über Gold bis zu Tees) und die Gassen rund um die Backpackermeile Pham Ngu Lao (U C–D4) *(ℳ c–d4),* etwa die „Painting Streets" Tran Phu und Bui Vien: Hier gibt es gefälschte Meister!

THE HOUSE OF SAIGON (U D3) *(ℳ d3)*

Lauter bunte Mitbringsel auf drei Etagen: ob trendige Flipflops oder Handtaschen, Tee oder Kaffee, Öle oder Seifen, Keramik oder Seidenkleider – hier wird jeder fündig. *16–18–20 Thu Khoa Huan | www.thehouseofsaigon.com*

INSIDER TIPP ▶ IT'S HAPPENED TO BE A CLOSET (U E3) *(ℳ e3)*

Eine Art Frauenkaufhaus: ein Plausch unter Kronleuchtern zwischen Kleidern, Schmuck und 1001 Accessoires, gucken, stöbern, anprobieren, dazu Drinks, Musik, Videos und auch Maniküre mit Neonlack – die jungen, trendigen Saigonerinnen schwören drauf. *89 Mac Thi Buoi*

INSIDER TIPP ▶ NGUYEN FRÈRES (U E3) *(ℳ e3)*

Winziger Laden, herrlich zum Stöbern: Handwerk und Webarbeiten der Bergvölker, Wasserpuppen und Buddhas, Taschen, Schals und Schmuck, Lackwaren und Keramik. *Tgl. 9–21 Uhr | 2 Dong Khoi | nahe dem Saigon-Fluss | www.nguyenfreres.com.vn*

FREIZEIT & WELLNESS

Hanoi Kultour (Tel. mobil 090 3 77 09 53 | www.hanoikultour.com): Sightseeing mal ganz anders – mit dem seit 1994 in Saigon lebenden Ralf Dittko.

Trails of Indochina (10/8 Phan Dinh Giot | nahe Flughafen | Tel. 08 38 44 10 05 | www. trailsofindochina.com): Touren durch Indochina.

klänge und Flamenco zu Cocktails, Bier, Wein, Whisky. Am Wochenende brechend voll. *8 Ly Tu Trong*

CHU BAR (U E3) (*☐ e3*)

Interessanter Mix: tagsüber ein nettes Café mit Imbiss, z. B. Nudelsuppen, abends einer der Szenetreffs, in denen Zigarren qualmen und edle Weine fließen. *158 Dong Khoi*

Alternative zur Rembrandtkopie: Propagandaplakate sind ein trendiges Andenken

L'APOTHIQUAIRE DAY SPA ● (U D3) (*☐ d3*)

Eines der besten Tages-Spas verwöhnt seine Gäste in einer alten Villa (Abholservice). *Tgl. 9–20 Uhr | 64a Truong Dinh | Tel. 08 39 32 51 81 | www.lapothiquaire. com*

AM ABEND

INSIDER TIPP CARMEN BAR
(U E3) (*☐ e3*)

In der schummrigen Atmosphäre treten Livebands auf, vorwiegend gibt's Latino-

LUSH (U E2) (*☐ e2*)

Angesagte Clubdisko, am vollsten am Wochenende ab 23 Uhr (Fr Hip-Hop, Mo/Sa House, Mi/So Pop/House, Do Latin/House). Chillen kann man im Innenhof an der Bar. *2 Ly Tu Trong | www.lush.vn*

SAX 'N' ART CLUB (U D3) (*☐ d3*)

Kleiner, gemütlicher Jazzclub des Saxofonisten Tran Manh Tuan. Große Leinwand und Jazzvideos, die man zu den Cocktails ansehen kann, bis die Livebands ab 21 Uhr loslegen. Happy Hour 17–20 Uhr. *28 Le Loi*

WASSERPUPPENTHEATER

(U D3) (🗺 d3)

Schön mit 200 Sitzplätzen ist das *Rong Vang Golden Dragon Water Puppet Theatre (Aufführungen tgl. 17, 18.30 und 19.45 Uhr | Eintritt ca. 9 Euro | 55b Nguyen Thi Minh Khai | Tel. 08 8 27 26 53 | www. goldendragontheatre.com).* Wasserpuppentheater gibt es außerdem tagsüber im *Historischen Museum* (s. S. 93).

ÜBERNACHTEN

In der *Pham Ngu Lao* (U C–D4) (🗺 c–d4) hat sich eine Szene mit Gästehäusern, Cafés, Bars, Reisebüros, Bankschaltern, Schneidern, Souvenirshops usw. etabliert. Nirgendwo sonst im Land kann man so gut und billig zugleich übernachten wie hier. Als neue Hotelstraße mit sehr guten (Business-)Hotels der Mittelklasse entwickelt sich die *Thi Sach Street*, etwa mit dem *May Hotel* (U E3) (🗺 e3) *(118 Zi. | 28–30 Duong Thi Sach | Tel. 08 38 23 45 01 | www.mayhotel.com.vn | €€)* mit überdachtem Dachpool.

CONTINENTAL HOTEL ● (U E3) (🗺 e3)

Der Hauch der großen weiten Welt durchweht das älteste Hotel Saigons, das schon 1885 gebaut wurde. Prominente Persönlichkeiten wie Somerset Maugham und Graham Greene gaben sich hier die Ehre und verliehen dem Haus das Ansehen eines internationalen Grandhotels. Hübscher Innenhof. *87 Zi. | 132–134 Dong Khoi | Tel. 08 38 29 92 01 | www.continentalsaigon.com | €€€*

DUXTON (U E4) (🗺 e4)

Im Herzen der Stadt, die oberen Zimmer sind am ruhigsten, Riesenfrühstücksbuffet, kleiner Pool, nette Pianobar in der Lobby. *198 Zi. | 63 Nguyen Hue | Tel. 08 38 22 29 99 | www.duxtonhotels.com | €€–€€€*

HAPPY INN (U C4) (🗺 c4)

Freundliches Gästehaus mit Lift an der Travellermeile: unterschiedlich große Zimmer mit IDD-Telefon, TV, WLAN, Kühlschrank, teils Balkon. Besonders schön (und ruhig) mit begrünter Dachterrasse ist Zimmer Nr. 71, der **INSIDER TIPP** „VIP Balcony Room" *(€€). 19 Zi. | 178 Bui Vien | nahe Pham Ngu Lao | Tel. 08 38 38 53 37 | www.happy-inn.net | €*

KINGSTON (U D3) (🗺 d3)

Nahe dem Ben-Thanh-Markt empfängt das Hotel seine Gäste in einer prächtigen Marmorlobby, die gemütlichen Zimmer haben superschnelles WLAN. Die Zimmer ohne Fenster sind ruhiger. *100 Zi. | 52–54 Thu Khoa Huan | Tel. 08 38 24 55 88 | www.kingstonhotel.com.vn | €–€€*

ROYAL HOTEL (U E3) (🗺 e3)

Gestalterischer Mix aus asiatischen Rattansesseln, Mahagonimöbeln und japanisch strengem Teakdesign. Wer übers Internet bucht, erhält bis zu 40 Prozent Rabatt. *132 Zi. | 133 Nguyen Hue | Tel. 08 38 22 59 14 | www.royalhotelsaigon.com | €€–€€€*

THIEN XUAN HOTEL (U D4) (🗺 d4)

Schöne Zimmer, Stuckdecken, teils mit Balkon (nach vorn gelegen, laut), freundlich-professioneller Service. *68 Zi. | 108–110 Le Thanh Ton | nahe Ben-Thanh-Markt | Tel. 08 38 24 56 80 | www.thienxuanhotel.com.vn | €–€€*

VILLA SONG SAIGON (0) (🗺 0)

Die reinste Oase: Außerhalb, aber direkt am Fluss gelegener Kolonialbau, mit dem Gratis-Shuttleboot geht es flott in zehn Minuten in die Stadt. Pool im Garten, gutes Restaurant und kleines Spa. *23 Zi. | 197/2 Nguyen Van Huong | Thao-Dien-Bezirk | Tel. 08 37 44 60 90 | www.villasong.com | €€€*

Fußgänger, Fahrräder, Mopeds – im kunterbunten Verkehrschaos von Saigon

AUSKUNFT

Focus Asia (deutsch-vietnamesisch) (U C2) (📖 d2) (138a Nguyen Dinh Chieu | Tel. 08 3 82 28 22 | www.focus-asia.biz)

Tourist-Info im Hauptpostamt (125 Dong Khoi | gegenüber der Kathedrale)

ZIELE IN DER UMGEBUNG

INSIDER TIPP ▶ **CAT-TIEN-NATIONALPARK**
(141 D3) (📖 F11)

Endlos erscheinen die Industrieviertel im Norden von Saigon, bis man – zunächst auf der N 1, dann auf der N 20 – nach rund 150 km am Tor des tropischen Biosphärenreservats ankommt. Dank seiner Sümpfe, Savannen, Berge und Tiefebenen ist der Park landschaftlich höchst interessant. Hier befindet sich eines der letzten Rückzugsgebiete des Indochinesischen Tigers. Ferner kommen Leoparden und seltene Tiere wie der Gaur, ein Ur-Rind, vor – die man bei einer Tagestour nicht sieht, weil sie sich in den Dschungel zurückgezogen haben, falls sie noch nicht Wilderern zum Opfer gefallen sind. Lohnend sind ein Besuch im britisch geführten 🌍 *Primate Center* und im 🌍 Auswilderungsprojekt für asiatische Schwarzbären und Wildkatzen (Voranmeldung: *Tel. mobil 097 3 12 57 87 | www.wildlifeatrisk.org*) sowie der „Gibbon Trek" (ab 4.40 Uhr). Es leben außerdem 360 Vogelarten im Park, der deshalb auch für Ornithologen sehr sehenswert ist. Mit einem Guide (mindestens vier Tage vorher buchen) können Sie für ca. 10 Euro pro Tag auf Beobachtungstour gehen oder mit dem Leihrad (gut prüfen!) über die Trails düsen. Übernachtung in einfachen Unterkünften (€, Strom nur bis 18 Uhr, Taschenlampe mitnehmen!) am Parkeingang. *Eintritt ca. 2 Euro | Auskunft bei der Nationalparkverwaltung (Büro in Than Phu an der Bushaltestelle, 24 km vom Nationalpark | Tel. 061 3 66 92 28 | www.namcattien.org)*

CON DAO (140 C3) (📖 F14)

Der Con-Dao-Archipel, bestehend aus 16 Inseln im Südchinesischen Meer, entwickelt sich allmählich als Urlaubsziel. Die bergige Hauptinsel *Con Son* hat eine unrühmliche Vergangenheit: Ab 1862 internierten hier Franzosen und später Südvietnamesen und Amerikaner Tausende politische Gefangene und Regimegegner. Heute sind die beiden Gefängnisse *Phu Hai* und *Phu Thuong* als Museum zu besichtigen. Der Archipel steht als Nationalpark unter Naturschutz und begeistert vor allem Taucher: Über 1300 Arten an Meeresbewohnern tummeln sich an den wunderbaren Korallenriffen, darunter Schildkröten, Delphine, Wale und die bis zu 400 kg schweren Seekühe (Dugong). Als Trendsetter gilt die herrliche Anlage des *Six Senses Con Dao (44 Villen und Suiten | Dat Doc Beach | Tel. 064 3 83 12 22 | www.sixsenses.com | €€€)* mit ultimativem Luxus in Strandvillen mit Pool, aber es gibt auch eine Handvoll einfacher Pensionen. Beste Besuchszeit ist November bis Februar. Con Son wird täglich von Saigon aus angeflogen (45 Minuten), Nachtboote verkehren ab Vung Tau (141 D4) *(ⓜ F12)*.

CU CHI 🔵 (140 C3) *(ⓜ F12)*

Gleich auf den ersten Blick wird der Schrecken des Kriegs ins Gedächtnis zurückgerufen: Am Eingang des Tunnelsystems von Cu Chi im Dorf *Ben Dinh* (ca. 60 km westlich von Saigon) reckt ein rostiger Panzer drohend das Rohr, gleich daneben steht ein Kampfhelikopter. Der Besuchereingang führt in ein 50 m langes restauriertes, feuchtkühles und trotz künstlicher Verbreiterung noch immer ziemlich enges Tunnelstück hinab. Die unterirdischen Gänge des Vietcong waren einst 250 km lang, erstreckten sich über ein Gebiet von 400 km^2 und verfügten über Kantinen, Krankenhäuser und Aufenthaltsräume – alles bis zu 10 m unter der Erde. Die Tunnel waren so eng gegraben, dass kein Nichtvietnamese durchpasste. Oft brachten Frauen

im Schutz der Tiefe ihre Kinder zur Welt, man hielt sich dort wochenlang auf. Die ersten Tunnel waren übrigens 1948 im Kampf gegen die Franzosen gegraben worden. Rund um das Tunnelstück sorgen heute zahllose Souvenirbuden und ein Schießstand für Kurzweil. Ein Freilichtmuseum mit Gedenkstätte erinnert an die Kriegsereignisse. *Tgl. 7–17.30 Uhr | Eintritt ca. 4 Euro | an der Nationalstraße N 22 nach Tay Ninh*

Im 🌐 **INSIDER TIPP** *Wildlife Rescue Center (vor Besuch anmelden: Ap Cho Cu II, An Nhon Tay | Spende ca. 9 Euro | Tel. mobil 098 4 28 11 90 | www.wildlifeatrisk.org)* bei Cu Chi werden aus Gefangenschaft befreite Wildtiere (aus Beifang oder Privathaushalten) auf ihre Auswilderung vorbereitet.

MY THO (140 C4) *(ⓜ F12)*

Der erste geschäftige Außenposten des Mekongdeltas ist die Provinzhauptstadt My Tho (180 000 Ew.), die ungefähr 70 km südlich von Saigon liegt und nach einer zweistündigen Fahrt durch fruchtbare Reisfelder zu erreichen ist. Von hier aus können Sie auf bequeme Weise eine ⭐ *Bootstour im Mekongdelta* unternehmen. Unzählige Anbieter werben lautstark an der Uferstraße *30 Thang 4* unweit der Touristeninformation um Kundschaft. Laut knatternd zwängen sich die Longtailboote mit ihren langen Schiffsschrauben durch oftmals winzige Kanäle, vorbei an Tempelchen und bunten Märkten, an Kokospalmenhainen und Bananenplantagen. Mögliche Ziele sind der *Schwimmende Markt von Cai Be* oder die Inseln *Con Phung* (Insel des Kokosnussmönchs) und *Thoi Son*. Handeln Sie den Preis aus; mehr als 10 Euro für zwei Stunden pro Boot sollten Sie nicht bezahlen. *Auskunft: Chuong Duong Tourist (30 Thang 4 Nr. 8 | Tel. 073 3 87 31 84 und 3 87 34 77)*

TAY NINH (140 C3) (*E12*)

Tay Ninh (42 000 Ew.), 95 km west-lich von Saigon gelegen, ist die Haupt-stadt der gleichnamigen Provinz und seit 1927 der Hauptsitz der Religions-gemeinschaft Cao Dai. Man mag de-achteckige Altar und die Weltkugel auf. Viermal täglich – um 6, 12 und 18 Uhr so-wie um Mitternacht – findet die Gebets-zeremonie statt, die Touristen von der Balustrade aus beobachten dürfen. Da die Vormittagszeremonien stark über-

Mix aus Kathedrale und Moschee: der Cao-Dai-Tempel bei Tay Ninh

ren Religion als schrillen Mix abtun – doch schon allein der Architektur wegen sollten Sie dem ★ *Cao-Dai-Tempel* ei-nen Besuch abstatten. Er steht im Dorf Long Hoa, ca. 4 km östlich des Stadtzen-trums, auf einem weitläufigen Gelände (dem „Heiligen Stuhl"), das zeitweilig von bis zu 100 000 Anhängern bewohnt wurde. Der Tempel ist eine Mischung aus doppeltürmiger Kathedrale, Pago-de mit Rundturm und Moschee mit Kup-peldach. Im Inneren fallen der tiefblaue Himmel mit Sternen aus Spiegelglas, die drachenumschlungenen Säulen, der laufen sind, ist es ratsam, das Abend-bzw. Nachtgebet zu besuchen. Einen hervorragenden Ausblick können Sie von dem Vulkankegel des ca. 15 km nordöst-lich des Stadtzentrums gelegenen, fast 1000 m hohen ☖ *Nui Ba Den* (Berg der Schwarzen Frau) genießen. Er war einst eine heilige Stätte der Khmer und wird auch heute noch von Wallfahrern be-sucht. *Auskunft/Übernachtung: Tay Ninh Tourist (Tel. 066 3 82 23 76)* unterhält ein kleines Büro im einfachen *Hoa Binh Ho-tel (97 Zi. | 30 Thang 4 Nr. 210 | Tel. 066 3 82 13 15 | €).*

ERLEBNISTOUREN

① VIETNAM PERFEKT IM ÜBERBLICK

START: ① Saigon
ZIEL: ⑫ Hanoi

21 Tage
reine Fahrzeit
30 Stunden

Strecke:
→ rund 1900 km

KOSTEN: ca. 1800 Euro (ca. 1000 Euro für Mietwagen/Fahrer/Benzin plus ca. 800 Euro pro Person für Unterkunft, Essen und Eintrittspreise)
MITNEHMEN: Badesachen, Wanderschuhe, Regenjacke, Sonnenschutz

ACHTUNG: Mietwagenbuchung z. B. bei: *Trails of Indochina (Tel. 08 38 44 10 05 | www.trailsofindochina.com); Handspan (Tel. in Hanoi 04 39 26 28 28, in Deutschland 0761 2 11 48 48 | www.handspan.de); Exotic Voyages (Tel. 04 39 33 62 60 | www.exoticvoyages.com)* Wenn Sie die ⑩ **Phong-Nha-Höhle** nicht besuchen möchten, können Sie die Strecke nordwärts ab Hue zeitsparend im Flieger zurücklegen.

Jeder Zipfel dieser Erde hat seine eigene Schönheit. Wenn Sie Lust haben, die einzigartigen Besonderheiten dieser Region zu entdecken, wenn Sie tolle Tipps für lohnende Stopps, atemberaubende Orte, ausgewählte Restaurants oder typische Aktivitäten bekommen wollen, dann sind diese maßgeschneiderten Erlebnistouren genau das Richtige für Sie. Machen Sie sich auf den Weg und folgen Sie den Spuren der MARCO POLO Autoren – ganz bequem und mit der digitalen Routenführung, die Sie sich über den QR-Code auf S. 2/3 oder die URL in der Fußzeile zu jeder Tour downloaden können.

Diese Küstentour von Süden nach Norden führt zu historisch bedeutenden Orten und verlockt immer wieder zu Badestopps. Sie erleben einige der schönsten Land-schaften Vietnams wie die „Trockene Ha-Long-Bucht" mit ihren Märchenbergen, und Abenteurer lassen sich die faszinierende Phong-Nha-Höhle nicht entgehen.

Zum Auftakt schnuppern Sie Stadtluft in ❶ **Saigon** → S. 90. Sie erkunden die quirlige „Chinatown" **Cho Lon**, lassen sich im Cyclo spazierenfahren und besuchen den Ja-dekaiser in seiner Pagode **Chua Ngoc Hoang**. Kaffee, einen Imbiss oder am Abend ein Glas Wein gibt's in der **Chu Bar**.

TAG 1–2
❶ Saigon

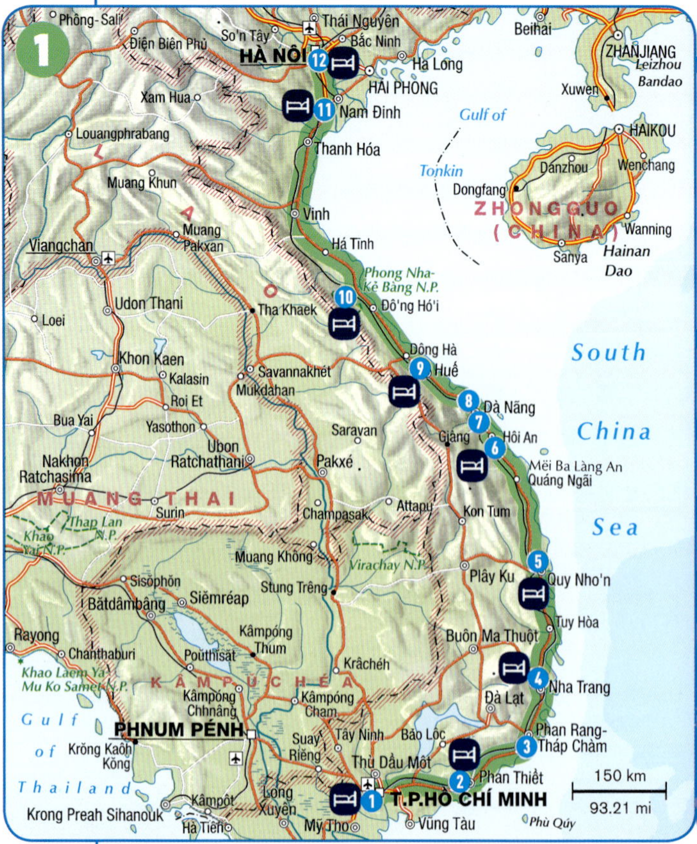

Vorbei an endlosen Vorstadtsiedlungen geht es **auf der Nationalstraße 1 (auch: AH1, Asian Highway No. 1)** zur Küste: als Erstes in die Hafenstadt **2** **Phan Thiet → S. 84** mit ihrem schönen, kilometerlangen Badestrand auf der **Halbinsel Mui Ne**. Hier herrscht Ruhe statt Verkehrschaos, und die berühmten Sanddünen sind ein schönes Fotomotiv.

Auf der Weiterfahrt nach Norden besichtigen Sie bei der geschäftigen Stadt Phan Rang die **3** **Türme von Po Klong Garai → S. 59**, die hier im 13./14. Jh. vom einst mächtigen Volk der Cham errichtet wurden. **An der Küstenautobahn N1 folgt der nächste Badestopp in** **4** **Nha Trang → S. 82**. Hier erwarten Sie rund 25 Tauchplätze und 70 In-

seln, zu erkunden bei einem Tagesausflug mit zwei Tauch-
gängen zwischen Rifflandschaften oder Steilwänden *(auch
bei deutschen Tauchschulen, z. B. Fun Divers | www.nha
trang-fundivers.com)*. Abwechslung vom Strandleben bieten die **Long-Son-Pagode** mit dem weißen Buddha und
der Cham-Tempel **Po Nagar**. Genießen Sie auch Wellness à
la Vietnam in Schlammbottichen bei einem **Ausflug zu den
nördlich von Nha Trang gelegenen Thap Ba Hot Springs**
(www.thapbahotspring.com.vn).

Die Küstenroute führt mit phantastischen Aussichten **wei-
ter über die spektakuläre Passstraße bei Dai Lanh. Die
Berge rücken näher an die Küste, bis schließlich die
Küstenstadt ⑤ Qui Nhon erscheint.** Der Ort ist relativ
untouristisch, aber es lohnt sich, einen Blick auf die ur-
alten Bronzetrommeln im **Binh-Dinh-Museum** *(tgl. 7.30–
11, 13.30–16.30 Uhr | Eintritt frei | 28 Nguyen Hue | nahe
Le Loi)* zu werfen. Den Sonnenaufgang erleben Sie bei
Yoga am Strand in einem der landesweit besten Spas: im
INSIDER TIPP **Avani Quy Nhon Resort & Spa** *(63 Zi. | Tel.
056 3 84 01 32 | www.avanihotels.com | €€€).*

Am nächsten Tag geht es weiter nach ⑥ Hoi An → S. 64.
Der kleine, angenehme Fischerort am Fluss Thu Bon hat
sich zum beliebten Travellerziel gemausert, mit zig Hotels,
Souvenirshops und Schneidern. Das Städtchen bezaubert
mit seinen hölzernen Bauten in der **Altstadt**, historischen
Handelshäusern, chinesischen Pagoden und der über-
dachten **Japanischen Brücke**. Einen Strand gibt es auch!

Nur ein Katzensprung ist es nach ⑦ Da Nang → S. 60. Besuchen Sie in dieser modernen Großstadt unbedingt das
Cham-Museum! 1965 machte die US-Navy die Hafenstadt
zur damals größten amerikanischen Militärbasis in Südostasien. Alles atmet hier den Hauch der (Kriegs-)Geschichte,
sei es der kilometerlange **China Beach**, seien es die **Marmorberge → S. 62**, wo sich der Vietcong verschanzt hatte.
Dann geht es über den ⑧ Hai-Van-Pass: Mit etwas Glück
gewährt der „Wolkenpass" in 496 m Höhe einen traumhaften Blick auf die Halbinsel und Lagune von **Lang Co**. Entlang der Truong-Son-Bergkette erheben sich die Gipfel in
der Ferne bis zu 1400 m Höhe. **Bald darauf erreichen Sie**
⑨ Hue → S. 68 am „Parfümfluss" Song Huong. Dort tauchen Sie bei der Besichtigung der **Zitadelle** in eine kaiserli-
che Welt ein: 1802 ließ Kaiser Gia Long dort seine Residenz
mitsamt Palast errichten. Die sechs **Kaisergräber → S. 74**

TAG 8

235 km

⑤ Qui Nhon

TAG 9–11

317 km

⑥ Hoi An

TAG 12–14

25 km

⑦ Da Nang

48 km

⑧ Hai-Van-Pass

77 km

⑨ Hue

und die Pagode **Chua Thien Mu → S. 74** ziehen Reisende aus aller Welt an. Im Gartenlokal **Tropical Garden** in Hue lassen Sie bei Folklore den Tag ausklingen.

TAG 15–18

240 km

⑩ Phong-Nha-Höhle

387 km

⑪ Trockene Ha-Long-Bucht

TAG 19–21

101 km

⑫ Hanoi

Eine weitere Sensation wartet bei Dong Hoi mit der ⑩ **Phong-Nha-Höhle → S. 114**, die Sie beim Caving kletternd – oder alternativ per Boot – erkunden können. Planen Sie hier zwei Übernachtungen ein. **Anschließend durchquert die N1 bei Ninh Binh die** ⑪ **Trockene Ha-Long-Bucht → S. 49**: eine märchenhafte Landschaft mit grünen Kalksteinriesen zwischen den Reisfeldern. Am besten lernen Sie die Gegend bei einer Bootstour kennen.

Die wuselige Hauptstadt ⑫ **Hanoi → S. 40 ist nur noch rund 90 km entfernt** und verheißt nach so viel Strand, Dschungel und Reisfeldern das Kontrastprogramm von Konfuzius bis Turbokapitalismus. Versäumen Sie auf keinen Fall eine Aufführung im **Wasserpuppentheater**!

② IM MEKONGDELTA UNTERWEGS

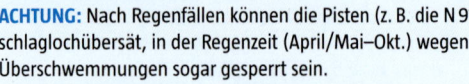

START: ❶ Saigon ZIEL: ❽ Tra-Su-Reservat	3 Tage reine Fahrzeit 9 Stunden
Strecke: ➡ rund 450 km	

KOSTEN: ca. 250 Euro (150 Euro für Mietwagen/Fahrer/Benzin plus 100 Euro pro Person für Unterkunft, Essen und Eintrittspreise)
MITNEHMEN: Regenjacke, Sonnenschutz

ACHTUNG: Nach Regenfällen können die Pisten (z. B. die N 91) schlaglochübersät, in der Regenzeit (April/Mai–Okt.) wegen Überschwemmungen sogar gesperrt sein.
Buchung von Mietwagen und Fahrrädern z. B. bei: *Focus Asia (Tel. in Saigon 08 3 82 28 22, in Deutschland 089 8 09 90 70 40 | www. focus-asia.biz); langjährig bewährt: Sinhbalo Adventure Travel (Tel. 08 38 37 67 66 | www.sinhbalo.com)*

Auf Landstraßen, Flussarmen und Kanälen erkunden Sie das amphibische Vietnam – auf dem „Fluss der neun Drachen", wie der mächtige Mekong hier heißt. Neun Seitenarme durchziehen das Delta, die Reiskammer der Nation. Lassen Sie sich einfach mittreiben, zum Beispiel auf den bunten „schwimmenden Märkten".

Die Tour beginnt in ❶ **Saigon → S. 90**. **Auf dem Highway 1A bis nach** ❷ **My Tho → S. 100** herrscht dichter Verkehr, denn die Stadt lebt vom Handel und der Tatsache, dass Millionen Menschen in Saigon tagtäglich mit Reis, Ananas, Bananen und Orangen versorgt sein wollen – allesamt Produkte aus dem Mekongdelta. Was von hier aus nicht in die Metropole geschafft wird, verkaufen die Händler im lebhaften Marktviertel von My Tho. **Schon hier entdecken Sie während einer Bootstour den Zauber des Mekong. Auf der Halbinsel** ❸ **Ben Tre** steigen Sie vom Boot aufs Fahrrad um: Auf schmalen Pfaden radeln Sie unter Kokospalmen entlang und durch Obstplantagen, bevor es per Boot **wieder zurück nach My Tho** geht.

Weiterhin brettflach präsentiert sich die Landschaft **auf der nächsten Etappe in Richtung Vinh Long.** Überall auf den Reisfeldern arbeiten die Bäuerinnen mit ihren typischen Strohhüten. In ❹ **Cai Be** erleben Sie ebenfalls einen prächtigen Markt *(tgl. ca. 5–17 Uhr),* diesmal auf eine für das Delta typische Weise: In flachen Kähnen mit langen Holzrudern lassen sich Verkäufer und Käufer über den Tien Giang, einen der „neun Drachen", fahren.

Genug Deltaprogramm für heute: **In der Provinzhauptstadt** ❺ **Can Tho → S. 77** umgibt Sie purer Luxus im **Victoria Can Tho Resort**. Genießen Sie auf der Panoramaterrasse des Hotels einen Cocktail, während Sie dem Treiben auf dem Fluss zusehen.

TAG 1

❶ Saigon

75 km

❷ My Tho

18 km

❸ Ben Tre

54 km

❹ Cai Be

69 km

❺ Can Tho

TAG 2

130 km

Dem schönsten schwimmenden Markt des Deltas, dem **Cai Rang Floating Market**, statten Sie einen Besuch in aller Frühe ab, am besten gegen 6–7 Uhr, wenn am meisten los ist.

6 Chau Doc

Anschließend geht die Fahrt auf der N 91 ins Land der Khmer nach 6 Chau Doc → S. 80. Markenzeichen des Städtchens sind die schwimmenden Häuser der Fischzüchter. Schön ist eine abendliche Tour auf den 5 km südlich gelegenen Berg **Nui Sam**. Auch ein Bummel durch die Stadt mit ihrer ethnischen Mischung aus muslimischen Cham, Khmer und Vietnamesen gehört zum Programm.

TAG 3

7 Ba Chuc

38 km

8 Tra-Su-Reservat

Ein Halbtagesausflug führt Sie in das südwestlich von Chau Doc gelegene Khmer-Dorf 7 Ba Chuc mit seinem typischen Tempel und einer schockierenden Ausstellung in der „Schädelpagode". Dort sind in einem modernen, ufoähnlichen Mahnmal die Gebeine von Kriegsopfern hinter Glas aufgebahrt. Auf der Suche nach unberührter Natur besuchen Sie schließlich das kaum bekannte, fast märchenhaft verwunschene 8 INSIDER TIPP **Tra-Su-Reservat**. In seinem versunkenen Wald können Sie vom Kanu aus Tausende Störche, Reiher, Kormorane und andere Wasservögel bei der Brut beobachten.

Unzählige Wasserstraßen durchziehen die Sumpflandschaft des Mekongdeltas

③ VON HANOI ZU DEN WUNDERN DER HA-LONG-BUCHT

START: ❶ Hanoi **ZIEL:** ❹ Ha-Long-Bucht	**3 Tage** reine Fahrzeit 3 Stunden

Strecke:
➡ rund 170 km

KOSTEN: ca. 230 Euro (ca. 90 Euro für Mietwagen/Fahrer/Benzin plus ca. 140 Euro pro Person für eine zweitägige Bootstour inkl. Unterkunft, Essen und Eintrittspreise)

MITNEHMEN: Badesachen, Regenjacke, Sonnenschutz

ACHTUNG: Die angegebene reine Fahrzeit bezieht sich auf die mit dem Auto zurückgelegte Strecke.
Buchung von Mietwagen und Ausflugsbooten z. B. bei: *Tam Travel (Tel. 04 3715 08 31 | www.tamtravel.com.vn); Asiatica Travel (Tel. in Hanoi 04 62 66 28 16, in Deutschland 08326 3 09 02 56 | www.asiatica.com)*

Vorbei an schier endlosen Reisfeldern und immer begleitet vom Roten Fluss (Song Hong) führt diese Tour von Hanoi an den Golf von Tongking zu einem der größten Naturwunder Vietnams, der Ha-Long-Bucht. Dort bringt Sie eine zweitägige Bootsfahrt auch zu schwimmenden Dörfern und Lagunen.

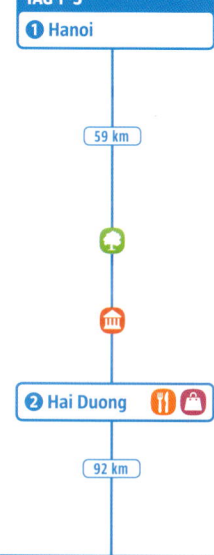

Am besten starten Sie in ❶ **Hanoi → S. 40** beim alten Postamt am **Hoan-Kiem-See.** Von hier aus nämlich erreichen Sie bequem die **Chuong-Dong-Brücke, die den Roten Fluss stadtauswärts quert. Weiter geht es auf dem Highway 1 durch den quirligen Stadtbezirk Gia Lam und auf der N 5,** die in vier Spuren vom Highway abzweigt.

Langsam lichtet sich das Häusermeer, und es zeigen sich die ersten grünen Reisfelder. Dem rotbraunen Schlamm, den der Rote Fluss über eine Strecke von mehr als 1800 km heranträgt, verdankt die Gegend ihre Fruchtbarkeit. Nach sommerlichen Starkregen werden Teile des Gebiets überflutet, weshalb immer mehr Deichanlagen gebaut werden müssen – sie sind am Wegesrand nicht zu übersehen.

Nach 59 km erreichen Sie die Provinzhauptstadt ❷ Hai Duong. Haben Sie Appetit auf eine süße Nascherei? Dann probieren Sie die ortstypische Spezialität **INSIDER TIPP** *banh dau xan,* kleine, zuckerige Kuchen aus grünem Erbsenbrei in einer gelben oder roten Hülle.

TAG 1–3
❶ Hanoi

59 km

❷ Hai Duong

92 km

❸ Ha Long City

14 km

❹ Ha-Long-Bucht

Weiter geht es auf der N 5 und dann kurz vor Hai Phong in Richtung ❸ **Ha Long City**. Die quirlige Stadt mit dem Touristenzentrum **Bai Chay** und dem Bootspier in **Hon Gai** ist der Ausgangspunkt für eine **zweitägige Bootsfahrt in der atemberaubenden** ❹ **Ha-Long-Bucht** → **S. 35** (mit zwei Übernachtungen auf dem Boot). Beim Anblick der rund 2000 aufragenden Kalksteinfelsen wird Ihnen die Legende vom „herabsteigenden Drachen" *(ha long)* wie ein Tatsachenbericht erscheinen.

Sportliche Herausforderung: Rockclimbing auf Cat Ba

Nur wenige Minuten nach dem Ablegen werden Sie vom Charme der einzigartigen Inselwelt gefangen genommen. Es gibt kaum einen Felsen, der nicht entsprechend seiner Form mit einem besonderen Namen belegt worden wäre – bei der „Kamelinsel" oder der „Schildkröteninsel" fällt die Identifizierung ziemlich leicht. Steigen Sie auch vom Boot aus für ein bis zwei Stunden ins Kajak und paddeln Sie in versteckte Lagunen und zu schwimmenden Dörfern.

Sie wollen sich in dieser phantastischen Kulisse noch weiter sportlich betätigen? Dann klettern Sie an steilen Felsen: Die Nationalparkinsel **Cat Ba** → **S. 39** mit der angrenzenden **Lan-Ha-Bucht** → **S. 116** ist ein Eldorado der Rockclimber!

MANGROVEN, NATIONALPARK UND KÜSTENSTRASSE

START: ❶ Can Gio
ZIEL: ⓫ Nha Trang

5 Tage
reine Fahrzeit
15 Stunden

Strecke:
➡ **rund 700 km**

KOSTEN: ca. 460 Euro (ca. 250 Euro für Mietwagen/Fahrer/Benzin plus ca. 210 Euro pro Person für Unterkunft, Essen und Eintrittspreise)
MITNEHMEN: Badesachen, Wanderschuhe, Fernglas, Taschenlampe, Regenjacke, Sonnenschutz, Blutegelstrümpfe, Mückenschutz (Malariagebiet!)

ACHTUNG: Es ist ratsam, diese Tour während der Trockenzeit von Nov./Dez. bis März/April zu machen.
Mietwagenbuchung z. B. über *VN Rent a car (www.vnrentacar.com)*
❸ **Cat-Tien-Nationalpark:** Mindestens vier Tage vorher anmelden und einen Führer buchen *(www.namcattien.org)!*

Vom Biosphärenreservat Can Gio nahe Saigon geht es zum artenreichen Cat-Tien-Nationalpark, dann ins klimatisch angenehme Hochland um Da Lat und über einen atemraubenden Bergpass wieder an die Küste nach Nha Trang. Naturbeobachtungen, schöne Ausblicke, Baden – all das gehört zu dieser Tour ins Grüne.

Die Tour beginnt 55 km südöstlich von Saigon: Die durch den Schwemmsand des Saigon-Flusses gebildete „Insel" ❶ **Can Gio** (ca. 800 km²) ist wegen ihres Mangrovenwalds berühmt. Im Vietnamkrieg von den US-Amerikanern durch das Entlaubungsmittel Agent Orange weitgehend zerstört, bietet der Wald mit seinen auf Stelzwurzeln stehenden Bäumen heute wieder vielen Fischen, Reptilien (z. B. Waranen) und Vögeln Unterschlupf. Auch eine Makakenkolonie gibt es hier. Erkunden Sie das Gebiet am besten gleich ab acht Uhr morgens, bevor die Touristenbusse da sind, bei einer zweistündigen Tour im Zweierkajak.

Nun geht es Richtung Saigon und auf die N1 nach Nordosten. Hinter der Industriestadt Bien Hoa bei km 69 in Dau Giay zweigt die N 20 ab, die landeinwärts in die Berge führt, zunächst vorbei an Kautschukplantagen und Feldern mit Obstbäumen. Am ❷ **Tri-An-Stausee** (auch: La-Nga-See) leben viele Fischer auf Hausbooten und in schwimmenden Dörfern.

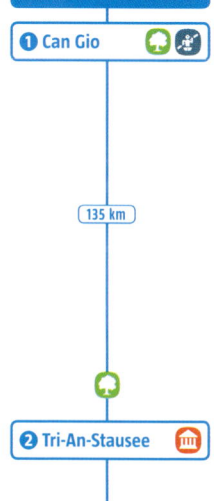

TAG 1–2

❶ Can Gio

135 km

❷ Tri-An-Stausee

4 KÂMPÚCHÉA

NHA TRANG

DÀ LAT

CAM RANH

PHAN RANG-THÁP CHÀM

PHAN THIÊT

T. P. HÔ CHÍ MINH
(SAIGON)

MÝ THO   VŨNG TÀU

50 km
31.07 mi

---

45 km

❸ Cat-Tien-National-park

TAG 3

61 km

❹ Bao Loc

18 km

❺ Dambri-Wasserfall

94 km

❻ Pongour-Wasserfall

48 km

Nach etwa 70 km geht hinter Tan Phu bei Phu Thanh nach links eine Piste ab zum ❸ **Cat-Tien-Nationalpark → S. 99**. Ohne Guide gelangen Sie bei einer etwa dreistündigen Wanderung (ca. 5 km, am besten nach der Ankunft abends) auf einem INSIDER TIPP Dschungelpfad zum **Crocodile Lake**. Unterwegs lassen sich viele Vogelarten und mit etwas Glück sogar Gibbons und Languren blicken. Übernachten können Sie z. B. am Crocodile Lake in der **Green Bamboo Lodge** *(7 Zi., 5 Zelte | Tel. mobil 097 3 34 63 45 | www.greenbamboolodge.com | €)* oder in der schicken, rustikalen **Forest Floor Lodge** *(8 Zi. | Tel. 0613 66 98 90 | www.vietnamforesthotel.com | €€€).* Am folgenden Tag erkunden Sie den Nationalpark ausführlicher – diesmal in Begleitung eines Guides.

Auf einer Schotterpiste führt die Tour weiter Richtung **N 20 über den Ort Ma Da Gui** (in der Regenzeit nur mit Vierradantrieb!). **Langsam schraubt sich die Route auf 1500 m Höhe,** wo dichter Dschungel die Passstraße umgibt. Am Wegesrand sehen Sie einige malerische Tempelschreine und Wasserfälle. **Das Hochplateau ist beim Städtchen ❹ Bao Loc → S. 60** erreicht, wo Besichtigungen von Teefabriken und Seidenraupenfarmen möglich sind. Besuchen Sie auch den ❺ **Dambri-Wasserfall (bei Bao Loc)** und den ❻ **Pongour-Wasserfall (bei Duc Trong, 48 km** südlich von Da Lat) – am berauschendsten zum Ende der Regenzeit (November/Dezember). Plakatwände und Gewächshäuser kündigen schließlich die Bergstadt **❼ Da Lat → S. 57** an, das Lieblingsziel vietnamesischer Flitterwöchner.

Sie verlassen Da Lat Richtung Osten nach Phan Rang auf der serpentinenreichen N 20 und biegen auf die N 27 Richtung Küste ab. Dabei geht die Fahrt am **❽ Da-Nhim-Stausee** (auch: Don-Duong-Stausee) und am riesigen Wasserkraftwerk vorbei. Der faszinierende **❾ Ngoan-Muc-Pass,** von dem bei gutem Wetter sogar die rund 60 km entfernte Küste zu sehen ist, schlängelt sich von rund 1000 m Höhe **in die Ebene hinunter,** bis wieder Palmen und Kakteen die Landschaft prägen. **Einige Kilometer vor der Küstenstadt Phan Rang** erblicken Sie auf einem Hügel die Cham-Heiligtümer Po Klong Garai → S. 59 und, ca. 15 km südlich von Phan Rang, Po Rome.

Auf dem Coastal Highway 702 geht es ab Phan Rang direkt an der Küste nordwärts. Die Straße führt immer entlang an Fischerbuchten und hübschen Felsformationen, Sanddünen, weiß leuchtenden Stränden und grünen Hügeln. Unterwegs laden traumhaft gelegene Luxusherbergen zu einem Aufenthalt ein, z. B. das **❿ Amanoi Resort** *(31 Zi. | Tel. 068 3 77 07 77 | www.amanresorts.com | €€€)* **in der wunderschönen Vinh Hy Bay.** Stärkung bieten die auf Stelzen gebauten Restaurants am Meer.

Der Coastal Highway 702 führt weiter nordwärts bis nach Bing Tien bei der Hafenstadt Cam Ranh, die den Amerikanern 1964–73 als Marinestützpunkt diente. **Nun fahren Sie noch ein Stück auf der N 1 nach Norden bis zum Badeort ⓫ Nha Trang → S. 82,** wo Sie zum Abschluss einen erholsamen Strandtag einlegen.

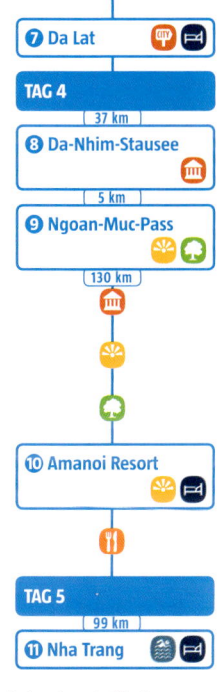

❼ Da Lat

TAG 4

37 km

❽ Da-Nhim-Stausee

5 km

❾ Ngoan-Muc-Pass

130 km

❿ Amanoi Resort

TAG 5

99 km

⓫ Nha Trang

Malerische Bademetropole: Nha Trang

SPORT & WELLNESS

Das Angebot für Aktivurlauber in Vietnam wächst allmählich. Erwarten Sie jedoch keine Perfektion – manche Sportarten sind noch neu, wie etwa Caving.

In den Kinderschuhen stecken immer noch die Sicherheitsstandards bei einigen (vietnamesischen) Unternehmen: Je billiger die Touren (z. B. Kajaktouren, Rockclimbing), desto weniger gut ausgebildete Guides darf man erwarten.

CAVING

Höhlenkletterer können die 14 gewaltigen Kammern der Unesco-geschützten **INSIDER TIPP** *Phong-Nha-Höhle* (www. phongnhakebang.vn) entdecken, der größten und schönsten Kaverne Vietnams (bei Son Trach, 55 km nordwest-

lich von Dong Hoi, in Mittelvietnam). Cavingtouren zur Höhle veranstaltet der **INSIDER TIPP** *Phong Nha Farmstay* (Cu Nam | Dong Hoi | Tel. 052 3 67 51 35 | Tel. mobil 094 4 75 98 64 | phong-nha-cave. com | €–€€ | Tour ca. 30–300 Euro) (rechtzeitig buchen!) mit dem Veranstalter *Oxalis Adventures (www.oxalis.com. vn).* Man kann die Höhle auch per Boot besichtigen *(mehrere Höhlen, Eintritt jeweils ca. 3,60–6,50 Euro, Boot für bis zu 14 Personen ca. 15 Euro).* Ein bewährter Veranstalter ist *Footprint Vietnam Travel (30a Alley 12A | Ly Nam De | Hanoi | Tel. 04 39 33 28 44 | www.footprintsvietnam. com).* Spektakulär ist die fast 9 km lange Höhle *Hang Son Doong (www. sondoongcave.org),* zu erkunden bei einwöchigen, sehr anspruchsvollen Trek-

Workouts für jeden: Actionsportler betreten in Vietnam zwar noch oft Neuland, aber für spannende Abenteuer ist gesorgt

kings *(3000 US-Dollar | pro Jahr nur 200 Touristen mit Klettererfahrung, lange Wartelisten | www.oxalis.com.vn).*

GOLF

Golf ist der letzte Schrei im „neuen Vietnam". Mehrere Plätze gibt es schon, die für Profis und Hobbyspieler geeignet sind, etwa bei Hanoi und Saigon, in Nha Trang und Da Lat. *www.kingsislandgolf. com, www.kingsislandgolf.com, www.viet namgolfresorts.com*

KAJAKTOUREN

Am schönsten ist eine **INSIDER TIPP** ▶ See-kajaktour durch die Ha-Long-Bucht. Man paddelt mit einem englischsprachigen Guide, wahlweise 1–6 Tage lang. Es werden 6–8 km pro Tag zurückgelegt, je nach Fitnessgrad der Gruppe und Zahl der Höhlen, die besichtigt werden. Bei Mehrtagestouren wird gezeltet, Luxusangebote beinhalten Übernachtungen auf einem Boot. Zwei Tage inklusive Verpflegung kosten ab ca. 200 Euro pro Person, zu buchen beispielsweise über den renommierten Veranstalter *Seacanoe and Inserimex Travel (www.johngray-seacanoe.com).*

RADFAHREN

Nehmen Sie am besten das eigene Bike sowie die wichtigsten Ersatzteile mit. Gute Fahrräder (Ausleihe ca. 1–2 Euro pro Tag) sind in Vietnam ebenso rar wie gute Mechaniker, die Teile auf Lager haben. Beliebt sind das flache Mekongdelta und Ausflüge um die Städte Hoi An, Hue und Tam Coc (Trockene Ha-Long-Bucht). Meiden Sie die N 1 (starker Verkehr, gefährliche Strecke). Ausweichen kann man streckenweise auf schöne Küstenstraßen (z. B. den Coastal Highway 702 nördlich von Phan Rang bis Nha Trang, ca. 100 km) oder die neue Ho-Chi-Minh-Autobahn durch herrliche Landschaften (allerdings teils sehr bergig und auch menschenleer, d. h. kaum Unterkünfte). Infos: *Vietnam Tours (Dorfstr. 39 | 53343 Wachtberg-Villiprott | Tel. 0228 55 54 70 22 | Tel. mobil 0173 5 15 71 92 | www.vietnam-tours.de) | World Insight (Tel. 02236 3 83 61 00 | www.world-insight.de) | www.biking-asia.com*

ROCKCLIMBING

Ein Paradies für Kletterer sind die INSIDERTIPP Ha-Long-Bucht und die Lan-Ha-Bucht bei Cat Ba – die Ausblicke sind grandios, die Herausforderungen groß. Wer individuell klettern will, muss die Ausrüstung selbst mitbringen. Man braucht erfahrene Kapitäne und Guides, da nur bei einem bestimmten Wasserstand der Zugang zu manchen Höhlen und Insellagunen möglich ist. Info und Touren (mit ausgebildeten Kletterern und Ausrüstung): *Asia Outdoors (c/o Noble House Guesthouse | 1/4 Street Nr. 4 | Cat Ba | Tel. 031 3 68 84 50 | Tel. mobil 090 3 47 34 01 | www.asiaoutdoors.com.vn | Tagestouren ca. 46 Euro)*

SCHATTENBOXEN

Wer sich für die alte Kunst des Schattenboxens (Tai-Chi, vietnamesisch Thai Cuc Quyen) interessiert, muss früh aufstehen: Di–Sa 5.30–7 und 7–8.30 Uhr finden in Saigon im *Le-Van-Tam-Park (Hai Ba Trung/Ecke Dien Bien Phu)* gegen einen Obolus Kurse statt, außerdem im *Van-Hoa-Park (Nguyen Du),* im *Tao Dam Cultural Park (ca. 8–9 Uhr)* und

Naturabenteuer auf dem Wasser: Vietnam bietet ideale Reviere für Paddeltouren

116   www.marcopolo.de/vietnam

im *Park „23.9." (Pham Ngu Lao)*. In Hanoi: am *Hoan-Kiem-See* und im *Botanical Garden*.

SURFEN & SEGELN

Ein sehr gutes Surfrevier ist der Mui-Ne-Strand bei Phan Thiet. Hier finden Meisterschaften wie der *Starboard Vietnam Fun Cup* statt. Infos gibt's beim *Jibe's-Club (Mui Ne | www.windsurf-vietnam. com)*. Die Szene steigt im *Full Moon Beach Resort (km 13,5 | Ham Tien | Mui Ne | Tel. 062 3 84 70 08)* ab (Windsurfpaket für drei Tage ca. 300 Euro inkl. Halbpension und Boardmiete). Das *Mia Resort (24 Nguyen Dinh Chieu | Ham Tien | Tel. 062 3 84 74 40 | www.miamuine. com)* bietet u. a. Wellenreiten und Kitesurfen an.

Die Seglerszene Vietnam versammelt sich am liebsten in den Badeorten Nha Trang und Mui Ne/Phan Thiet.

TAUCHEN

Nha Trang, Phu Quoc, die Küste vor Hoi An und der Con-Dao-Archipel sind Vietnams beste Tauchgebiete, in Nha Trang und Phu Quoc gibt es mehrere Tauch-schulen. Die Sichtweite liegt bei 10–15 m, während der Trockenzeit bis zu 30 m. Geboten werden zurzeit ca. 25 Tauchplätze, ein künstlicher Wracktauchplatz ist geplant. Neben relativ gut erhaltenen Stein- und Weichkorallen gibt es auch Tropenfische sowie Sand- und Weißspitzenhaie zu sehen. Zwei Tauchgänge (je ein Tank) ab ca. 80 Euro. Info: *Rainbow Divers (www. divevietnam.com)*

WANDERN

Die besten Wandergebiete sind der Bach-Ma-Nationalpark, die Gebirgsgegend rund um Sa Pa und den Ba-Be-Nationalpark sowie das Hochland von Da Lat, z. B. der Lang-Bian-Berg. Nehmen Sie die Ausrüstung – Schuhe, Stöcke, Rucksack, Trinkflaschen, Müsliriegel – von zu Hause mit. Hochwertige Trekkingausrüstung gibt es in Saigon, Hanoi und Sa Pa zu kaufen. Empfehlenswerte Veranstalter: *Phat Tire Ventures (9 Nguyen Van Troi | Da Lat | Tel. 063 3 82 94 22 | Tel. mobil 098 3 84 72 17 | www.phattireventures.com)* und *Wikinger Reisen (Kölner Str. 20 | 58135 Hagen | Tel. 02331 90 46 | www. wikinger-reisen.de)*.

WELLNESS

Ob Scrubs oder Wraps, Fußreflexzonenmassage oder Beautybehandlung, schwedische oder Thaimassage: Die Spas in Saigon und Hanoi verwöhnen ihre Kundschaft wie im siebten Himmel. Viele Strandhotels, vor allem in Da Nang, Hoi An und Qui Nhon, bieten Yogakurse mit Meerblick an. In den heißen Quellen und Schlammbädern rund um Nha Trang (Thap Ba), bei Hue (Thanh Tan) und Binh Chau (bei Vung Tau) genießen Sie Fangopackungen und das Thermalwasser – Wellness à la Vietnam!

MIT KINDERN UNTERWEGS

Familienleben wird in Vietnam groß-geschrieben, und so heißen sowohl die ganz kleinen als auch die großen Vietna-mesen alle *tay*, also Westler, die mit dem eigenen Kind anreisen, umso herzlicher willkommen. Wo möglich, ist ein Unter-haltungsangebot für Kinder vorhanden. Kinder im Alter von bis zu zwei Jahren (oder unter 0,80 m) fliegen in Vietnam normalerweise kostenlos, für Kinder bis zu zehn Jahren gibt es in vielen Orten bei Busfahrten und Ausflügen oder in Ver-gnügungsparks bis zu 50 Prozent Ermä-ßigung. Ideale Orte für den Urlaub mit Kindern sind wegen der guten Infrastruk-tur Saigon und Hanoi sowie Phan Thiet, Mui Ne und Nha Trang – Letztere natür-lich auch wegen ihrer schönen, weichen Sandstrände. Viele Hotelpools lassen sich mit der ganzen Familie auch als Nicht-gäste benutzen, man zahlt als Tagesgast eine geringe Gebühr (ca. 5 Euro).

DA-THIEN-SEE (141 E2) (⏷ G11)

5 km nördlich von Da Lat im „Tal der Lie-be" inmitten einer Hügellandschaft: Was zunächst romantisch klingt, ist ein Ver-gnügungspark mit vielen Souvenirshops. Zum Spaßangebot gehören Ponyreiten, kleine Kanutrips und Tretbootfahrten. *Tgl. 8.30–17 Uhr | Eintritt ca. 1 Euro*

HANOI SUPER KARTING CENTRE (0) (⏷ 0)

Ein Renner für ältere Kinder (und jung ge-bliebene Eltern): Hier kann man für ca. 3 Euro mit Gokarts durch die Gegend dü-sen. *Thanh-Nhan-Jugendpark*

SPIELZEUG

Wenn Ihr Nachwuchs seinen geliebten Teddybären verloren hat, finden Sie viel-leicht Ersatz. Oder wie wäre es mit ei-ner Verkleidung als Superman oder als Pandabär? Zu kaufen in Saigon bei *Woo-den Toys* (U D3) (⏷ d3) *(Diamond Pla-za Shopping Center | 37 Le Duan)*, auch (U B2) (⏷ b2) *(142a Ly Chinh Thang)*, und *Kids World* (U E3) (⏷ e3) *(im Vin-com Center | 72 Le Thanh Ton)*. Oder in Hanoi im *Kids like us* (142 B4) (⏷ 0) *(39 Nguyen Thai Hoc | gegenüber Brothers Café)*. Die Spielzeugstraße in Ha-noi heißt *Luong Van Can* (143 D3) (⏷ 0).

UNTERWEGS

Wichtig ist es, an Sonnenschutz zu den-ken und entsprechende Kleidung (Hut!) sowie eine Creme mit tropentauglichem Lichtschutzfaktor mitzunehmen. Eltern von Kleinkindern sollten Schnuller, Fla-schen, Gläschen und ein paar waschbare Stoffwindeln einpacken. Ein Tragesitz ist

Die Familie hat in Vietnam einen sehr hohen Stellenwert – und so sind auch ganz junge Urlauber stets gern gesehen

auf Überlandreisen sicherlich praktisch – andererseits sollte man in den engen Touristenbussen möglichst wenig Gepäck mit sich führen. Wegen der hohen Temperaturen sollten Kinder viel trinken, jedoch kein Leitungswasser. Eiscreme sollte nur in Luxushotels, besser aber gar nicht gekauft werden. Klassiker wie Pommes frites mit Mayo oder Ketchup und Cola lassen sich zur Not immer auftreiben.

WASSERPARKS

Im *Vin Pearl Waterpark Royal City* (137 D3) (*M E3*) (tgl. 9–22 Uhr | Eintritt ca. 8–9,50 Euro | 72 Nguyen Trai) in Hanoi gibt es viel Spaß in Pools, auf Röhrenrutschen, mit Wasserkanonen und beim Wellenreiten. Der *Dam Sen Waterpark* (140 C3) (*M E–F12*) (Mo, Mi–Sa 9–18, So 8.30–18 Uhr | am Wochenende meiden | Eintritt ca. 5 Euro, Kinder ca. 3,50 Euro | 3 Hoa Binh | www.damsenwaterpark. com.vn) in Saigon ist ein Vergnügungspark mit Ruderbooten, Riesenwasserrutsche, *Space Spiral* und Minieisenbahn,

ebenso in Nha Trang. Es gibt meist einen ruhigeren Ausländerbereich, erwarten Sie aber keine westlichen Standards!

WASSERPUPPENTHEATER

Spannend und lustig geht es zu, wenn Gongs und Trommeln erklingen, Drachen Feuer speien und man den Reis wachsen hört. Beim Auftritt der teils über 50 cm großen Figuren ist das Wasser die Bühne! Sehr gute Aufführungen gibt es z. B. in Hanoi im *Thang-Long-Wasserpuppentheater* (s. S. 47) und in Saigon im *Rong Vang Golden Dragon Water Puppet Theatre* (s. S. 98).

ZOOS

Zoos und Tierparks sind in vielen vietnamesischen Städten beliebte Ausflugsziele für Familien – allerdings muss gesagt werden, dass die Tiere dort häufig in erbarmungswürdigen Verhältnissen leben. Vorsicht auf Spielplätzen in den Parks: Hier muss mit rostigen Nägeln an Rutschen und Schaukeln gerechnet werden.

EVENTS, FESTE & MEHR

FESTE NACH DEM MONDKALENDER

Die meisten Feiertage in Vietnam richten sich nach dem chinesischen Mondkalender. Da der Mondmonat nur 29 oder 30 Tage und das Mondjahr 354 bzw. 355 Tage hat, wird alle drei Jahre zwischen dem dritten und vierten Mondmonat ein zusätzlicher Monat eingefügt.

TET NGUYEN DAN

Das chinesische bzw. vietnamesische Neujahrsfest ist das wichtigste Familienfest, es wird eine Woche lang gefeiert. Es kann zu Engpässen bei Flügen kommen. *(1. Tag des 1. Monats; 28. Jan. 2017, 16. Feb. 2018)*

THANH MINH

Die Vietnamesen schmücken die Gräber ihrer Verwandten mit Blumen, Kerzen und Papiergeld. *(5. Tag des 3. Monats; 11. April 2016, 1. April 2017)*

PHAT DAN

Buddhas Geburtstag wird mit Prozessionen zu den buddhistischen Pagoden gefeiert. *(8. Tag des 4. Monats; 14. Mai 2016, 3. Mai 2017)*

TET DOAN NGO

Das Mittsommerfest beginnt mit dem symbolischen Abbrennen von Papierstatuen – so will man sich von Personen lossagen, die mit einer Krankheit behaftet sind. Es herrscht der Glaube, dass im Hochsommer die Gefahr von Epidemien am größten sei. *(5. Tag des 5. Monats; 9. Juni 2016, 30. Mai 2017)*

TRUNG NGUYEN

In der Hoffnung, dass die umherirrenden Seelen vergessener Verstorbener keinen negativen Einfluss auf das persönliche Schicksal nehmen, werden an diesem Feiertag an Hausaltären und Tempeln Opfergaben in Form von Geschenken und Speisen dargebracht. *(15. Tag des 7. Monats; 17. Aug. 2016, 5. Sept. 2017)*

TRUNG THU ★

Das Mittherbstfest, das auch ein Fest zu Ehren der Kinder ist, wird mit nächtlichen Laternenprozessionen bei Vollmond begangen. Es werden spezielle gefüllte, mondförmige Klebreiskuchen gegessen. Dies ist auch die Zeit, um Verlobungen und Hochzeiten zu feiern. *(15. Tag des 8. Monats; 15. Sept. 2016, 4. Okt. 2017)*

Vollmond und gute Geister: bunte Feiern für die Ahnen, für die Götter – und für die Regierungspartei

LOKALE FESTE NACH DEM MONDKALENDER

FRÜHJAHR UND HERBST

Wer im Frühjahr oder Herbst durchs Land fährt, sieht überall in den Dörfern bunte Fahnen wehen – sie kündigen die ⭐ *Le-Hoi-Feste* an. Der Tag des Le Hoi gilt als der wichtigste Tag im Jahreszyklus eines jeden Dorfs und wird zu Ehren des Dorfschutzgeists gefeiert. Nach einer Prozession bringen die Bewohner ihrem Schutzgeist Opfer dar. Danach werden ausgiebige Festessen veranstaltet oder Theaterstücke und Konzerte aufgeführt. Besonders prächtig ist *Le Hoi Choi Trau* (*8./9. Tag des 8. Monats; 8./9. Sept. 2016, 27./28. Sept. 2017*), das Dorffest in Do Son (25 km südöstlich von Hai Phong): Nach dem Auftakt mit Musik und Tanz kämpfen jeweils zwei Wasserbüffel so lange gegeneinander, bis einer aufgibt. Der Besitzer des siegreichen Büffels bekommt eine Geldprämie, das Tier wird dem Erntegott geopfert.

APRIL/MAI

Das *Huong-Tich-Fest* (*15. Tag des 3. Monats; 21. April 2016, 11. April 2017*) wird mit großen Frühlingswallfahrten zu den Tempeln des Huong Tich Son begangen.

FEIERTAGE

1. Jan.	*Tet Duong Lich* (Christliches Neujahr)
3. Feb.	Gründungstag der Kommunistischen Partei Vietnams (1930)
30. April	Tag der Befreiung (Einnahme Saigons durch die nordvietnamesische Armee 1975)
1. Mai	Tag der Arbeit
19. Mai	Geburtstag Ho Chi Minhs (1890)
2. Sept.	Nationalfeiertag (Staatsgründung 1945)

LINKS, BLOGS, APPS & CO.

LINKS & BLOGS

www.marcopolo.de/vietnam Alles auf einen Blick zu Ihrem Reiseziel: Interaktive Karten inklusive Planungsfunktion, Impressionen aus der Community, aktuelle News und Angebote ...

www.cms.vietnam-infothek.de Forum, Reiseinfos, Reiseberichte, Veranstaltungstermine in Deutschland, Büchertheke, Pressespiegel – von einem deutschen Landesliebhaber

www.unser-vietnam.de Aus eher regierungskritischer Sicht von Vietnamesen, die in Deutschland leben oder geboren wurden: auch über Demonstrationen, Aktionen von Amnesty International und die Maßnahmen der vietnamesischen Regierung gegen Katholiken

www.thingsasian.com/vietnam Eine der besten und kunterbuntesten Seiten über alle Facetten des Lebens und Reisens in Vietnam: von Adoption bis Women & Travel, mit Reiseberichten, Fotos etc.

www.360cities.net Mekongdelta, Phong-Nha-Höhle, Ha-Long-Bucht, „Hoi An by night" – mit den 360-Grad-Panoramafotos kann man sich im Reiseziel umsehen

www.vietnam-dvg.de Die Deutsch-vietnamesische Gesellschaft berichtet über Reiseinfos, Veranstaltungen etc. mit vielen Zahlen, Daten und Adressen

www.thanhniennews.com Hier kann man gut den Überblick behalten – mit Neuigkeiten aus Vietnam

viet-musik.blog.de Hörproben und Videos aus Vietnam, zusammengestellt von einer jungen Deutschvietnamesin. Dazu gibt es ihren Blog *(cathrinka.blog.de)*

vietnamesegod.blogspot.com „Funny guy" aus Nha Trang über seine Erlebnisse in Vietnam: Hochzeiten, Tempelbesuche, Rezepte, Adressen – Blick auf das junge, moderne Vietnam „von innen"

Egal, ob für Ihre Reisevorbereitung oder vor Ort: Diese Adressen bereichern Ihren Urlaub. Da manche sehr lang sind, führt Sie der short.travel-Code direkt auf die beschriebenen Websites. Falls bei der Eingabe der Codes eine Fehlermeldung erscheint, könnte das an Ihren Einstellungen zum anonymen Surfen liegen

vietkochen.blog.de Hier werden vietnamesische Rezepte, Tipps und Tricks verraten, mit mundwässernden Fotos – guten Appetit!

www.forum-vietnam.de 1000 Fragen, 1000 Antworten: aktuelles Forum mit Erfahrungsaustausch zu 1001 Themen, auch touristischen Hinweisen

https://twitter.com/HanoiGrapevine Auch in Vietnam wird getwittert: Übersicht über die junge Kunst- und Kulturszene in Vietnam

hanoiebuddies.com.vn Diese Freiwilligenorganisation bietet kostenlose Stadtführungen durch Hanoi an. Die Studenten zeigen interessante und von Touristen selten gesehene Seiten ihrer Stadt und üben nebenher ihr Englisch, die Reisenden bekommen einen unmittelbaren Einblick in die Kultur Vietnams

short.travel/vie7 Ein Reiseforum mit zahlreichen praktischen Tipps

VIDEOS & MUSIK

short.travel/vie1 Videos der SWR-Serie „Schätze der Welt" mit Beiträgen z. B. über Hoi An oder die Ha-Long-Bucht

www.huongthanh.com Von der Sängerin Huong Thanh: melancholische traditionelle Klänge – gut geeignet für eine Bootsfahrt durch die neblige Ha-Long-Bucht

short.travel/vie2 und short.travel/vie3: Verkehrsszenen aus Saigon und Hanoi – damit Sie wissen, was auf Sie zurollt!

short.travel/vie4 Ein Ausstellungsrundgang im George Eastman House in New York („Ghosts in the Landscape: Vietnam revisited") mit stimmungsvollen Schwarz-Weiß-Fotos und Tönen aus Vietnam

APPS

Learn Vietnamese Vietnamesisch richtig aussprechen: Wer nicht die App bezahlen will, bekommt die ersten Lektionen mit „Guten Tag" und „Danke" gratis auf short.travel/vie5

Vietnamese recipes Gratis-App mit Rezepten zum Nachkochen

PRAKTISCHE HINWEISE

ANREISE

✈ Ab Frankfurt/Main nonstop nach Saigon und Hanoi fliegt *Vietnam Airlines (Rossmarkt 5 | 60311 Frankfurt | Tel. 069 2 97 25 60 | www.vietnamairlines. com)* (tgl., ca. 800 Euro; bei Buchungen von Weiterflügen innerhalb Vietnams oder in Nachbarländer werden oft Rabatte von 50 Prozent gewährt). Zweimal wöchentlich fliegt Lufthansa/Thai Airways von Frankfurt über Bangkok nach Saigon.

AUSKUNFT

ICS TRAVEL GROUP
Steinerstr. 15 | 81369 München | Tel. 089 2 19 09 86 60 | www.indochina-services. com

GRÜN & FAIR REISEN

Auf Reisen können auch Sie viel bewirken. Behalten Sie nicht nur die CO$_2$-Bilanz für Hin- und Rückreise im Hinterkopf *(www.atmosfair.de; de.myclimate.org)* – etwa indem Sie Ihre Route umweltgerecht planen *(www.routerank.com)* – , sondern achten Sie auch Natur und Kultur im Reiseland *(www.gate-tourismus. de; www.ecotrans.de)*. Gerade als Tourist ist es wichtig, auf Aspekte wie Naturschutz *(www.nabu.de; www. wwf.de)*, regionale Produkte, wenig Autofahren, Wassersparen und vieles mehr zu achten. Wenn Sie mehr über ökologischen Tourismus erfahren wollen: europaweit *www.oete.de*; weltweit *www.germanwatch.org*

VIETNAM TOURISM
30a Ly Thuong Kiet | Hanoi | Tel. 04 38 25 99 42 | www.vn-tourism.com, www. vietnamtourism.gov.vn, www.vietnam-tourismhanoi.com.vn

SAIGON TOURIST
– *Hanoi (55b Phan Chu Trinh | Tel. 04 38 25 09 23)*
– *Saigon (23 Le Loi | 1. Bezirk | Tel. 08 38 29 22 91 | www.saigontourist.net, www.saigon-tourist.com)*

FOCUS ASIA
Deutsch-vietnamesisches Unternehmen. *138a Nguyen Dinh Chieu | Saigon | Tel. 08 3 82 28 22 | in Deutschland: Aberlestr. 16/18 | 81371 München | Tel. 089 8 09 90 70 40 | www.focus-asia.biz*

TOUR VITAL
Die Reisen des Kölner Veranstalters werden teilweise von Ärzten begleitet. *Kaltenbornweg 6 | 50679 Köln | Tel. 0221 22 28 95 03 | www.tourvital.de*

Wenn in einem Ort in Vietnam kein Touristenbüro vorhanden ist, erhalten Sie Auskunft im Hotel.

BANKEN, GELD & WÄHRUNG

Banken haben üblicherweise Mo–Fr 7.30–11.30 und 13.30–15.30 bzw. 16 Uhr geöffnet, die Zeiten variieren jedoch oft. Landeswährung ist der Vietnamesische Dong (VND) in Scheinen von 500 bis zu 500 000 VND. Im Alltag am sinnvollsten sind die Scheine zu 10 000, 50 000, 100 000 und, für bessere Lokale, 500 000 VND. Man sollte überall mit Dong zahlen, auch wenn die Preise in US-

Von Anreise bis Zoll

Urlaub von Anfang bis Ende: die wichtigsten Adressen und Informationen für Ihre Vietnamreise

Dollar angegeben sind und in großen Hotels auch der Euro akzeptiert wird. ATM-Geldautomaten geben in allen Städten gegen geringe Gebühr Dong aus (Visa, Mastercard, in größeren Touristenzentren auch EC-/Maestro-Karte). Der Umtausch von Euro-Bargeld ist problemlos möglich, ebenso die Zahlung mit Kreditkarten in großen Hotels, Touristenlokalen, Reise- und Airlinebüros (bis zu 4 Prozent Gebühr). Ein paar US-Dollar in bar können jedoch nicht schaden, v. a. wenn man nach Kambodscha weiterreisen will oder nachts am Flughafen in Hanoi ankommt. Der offizielle Bankenwechselkurs ist oft schlechter (um ca. 2500 VND/ca. 0,10 Euro) am Flughafen, in Hotels und großen Städten; zu empfehlen ist das Geldwechseln in lizenzierten privaten Wechselstuben (i. d. R. 7–22 Uhr, z. B. in der Dong Khoi oder in der Hauptpost in Saigon) oder größeren Schmuckläden.
Da sich offenbar die Diebstähle von kleineren Mengen Geld aus dem Zimmer, Gepäck und sogar Zimmersafe häufen, sollte man das Geld gegen Quittung im Rezeptionssafe hinterlegen.

WÄHRUNGSRECHNER

€	VND	VND	€
1	23549	10000	0,41
2	47098	20000	0,82
3	70647	30000	1,23
4	94196	40000	1,64
5	117745	50000	2,05
6	141294	60000	2,46
7	164843	70000	2,87
8	188392	80000	3,28
9	211941	90000	3,70

DIPLOMATISCHE VERTRETUNGEN

DEUTSCHE BOTSCHAFT
29 Tran Phu | Hanoi | Tel. 04 38 45 38 36 | www.hanoi.diplo.de

DEUTSCHES GENERALKONSULAT
126 Nguyen Dinh Chieu | Saigon | Tel. 08 38 29 19 67

ÖSTERREICHISCHE BOTSCHAFT
53 Quang Trung | Hanoi | Tel. 04 39 43 30 50 | www.bmeia.gv.at

SCHWEIZER BOTSCHAFT
Hanoi Central Office Building | 44b Ly Thuong Khiet | Hanoi | Tel. 04 39 34 65 89 | www.eda.admin.ch

EINREISE

Üblich ist das in den Konsularabteilungen ausgestellte Touristenvisum (bis zu vier Wochen gültig, einmalige Einreise, 15-Tage-Visum über Reiseveranstalter 45 Euro, für Individualreisende 65 Euro, 30-Tage-Visum 75 Euro). Das Visum kann mit einem sechs Monate gültigen Reisepass auch per Einschreiben spätestens zwei Wochen vor Abreise beantragt werden (einzusenden mit frankiertem Rückumschlag, Verrechnungsscheck und Passfoto). Dauer: 14 Tage, persönlich geht es schneller. Antragsformulare gibt es unter *www.vietnambotschaft. org* (Menüpunkt „Konsular" oder *visa. mofa.gov.vn*.

BOTSCHAFTEN DER SR VIETNAM
– Deutschland (Elsenstr. 3 | 12435 Berlin | Tel. 030 53 63 01 08 | Visastelle Tel.

030 53 63 01 02 | www.vietnambotschaft. org); Generalkonsulat (Kennedyallee 49 | Tel. 069 79 53 36 50 | Visastelle (Nebeneingang): Rubensstr. 3 | Tel. 069 79 53 36 51-12, -13, -14 | 60596 Frankfurt/ Main | www.vietnam-generalkonsulat. de)
– Österreich (Felix-Mottl-Str. 20 | 1190 Wien | Tel. 01 3 68 07 55 10 | www. vietnamembassy-austria.org)
– Schweiz (Schlösslistr. 26 | 3008 Bern | Tel. 031 3 88 78 78 | www.vietnam-embassy.ch)

WAS KOSTET WIE VIEL?

Kaffee	0,50 Euro *für eine Tasse im vietnamesischen Café*
Nudelsuppe	1–2 Euro *im vietnamesischen Lokal*
Taxifahrt	ca. 0,65 Euro *pro Kilometer*
Bier	ab ca. 1 Euro *für ein Bier vom Fass im vietnamesischen Lokal*
Kleid	ab 30 Euro *für ein Ao-Dai-Kleid*
Massage	ab ca. 6 Euro *am Strand*

GESUNDHEIT

Impfungen sind nicht vorgeschrieben, außer bei Einreise aus einem Gelbfiebergebiet. Schutz gegen Polio, Tetanus, Diphtherie, Hepatitis A/B und Typhus ist jedoch empfehlenswert. In den Malariaregionen empfiehlt sich ein Standby-Medikament. Um Durchfall zu vermeiden, sollten Sie kein Leitungswasser trinken, es auch nicht zum Zähneputzen verwenden und außerhalb der internationalen Hotels weder ungeschältes Obst noch Salate essen. Kaufen Sie Eiscreme nur in Luxushotels; wegen der Choleragefahr in Nordvietnam (v. a. Hanoi, Ninh Binh) ist es aber besser, ganz darauf zu verzichten. Bei den Tropeninstituten gibt es eine gut verträgliche Choleraschluckimpfung. Hämorrhagisches Denguefieber wird gemeldet mit Schwerpunkt im Süden (v. a. Mekongdelta, auch Saigon), aber auch in anderen Landesteilen. Es wird von einer tagaktiven Mücke übertragen; schützen können Sie sich durch langärmelige, helle Kleidung und Mückenschutzlotion, vorbeugende Medikamente gibt es nicht. Aktuelle Informationen gibt es beim Gesundheitsamt oder bei den Tropeninstituten *(www.dtg.org)*. Weitere Infos: *www. fit-for-travel.de*. Vor der Reise sollte man unbedingt eine Auslandskrankenversicherung (mit Krankenrücktransport) abschließen. Deutsche Zahnarztpraxis in Saigon: *www.accadent.com.vn*

INLANDSREISEN & -TOUREN

Tägliche Flüge mit Vietnam Airlines verbinden alle größeren Städte, ein Rückflugticket Saigon–Hanoi (2 Stunden Flugzeit) kostet ab ca. 140 Euro. Besonders vor dem Tet-Fest rechtzeitig buchen!
Es gibt tägliche Zugverbindungen zwischen Hanoi und Saigon. Der *Wiedervereinigungsexpress* zuckelt in 32–38 Stunden fünfmal täglich von Nord nach Süd und umgekehrt. Empfehlung: per *Soft Sleeper* der 1. Klasse reisen (rechtzeitig buchen).
Abzuraten ist von den öffentlichen Überlandbussen, denn es kommt zu vielen schweren Unfällen (v. a. nachts). Wer mit dem Touristenbus reisen möchte, erkundigt sich in den Travellercaféketten nach sogenannten *Open Tours*. Neu sind Busse mit Schlafsitzen (Hanoi–Hue ca. 15 Euro). Zuverlässige Busfirmen sind *Mai Linh Ex-*

press Bus (Tel. in Saigon 08 39 29 29 29 | Tel. mobil 098 5 29 29 29) und *Hoang Long* (Tel. in Hanoi 04 39 28 28 28 | *hoanglongasia.com/en/giave.php*).

Für individuelle Touren haben sich Mietwagen mit Fahrer bewährt, zu buchen in Hotels oder besser direkt bei Reiseagenturen, inkl. Fahrer und Benzin ab ca. 48 Euro/Tag, Kilometerpauschale, falls gewünscht zzgl. Pauschale für einen Führer (ca. 30 Euro/Tag). Um selbst Auto zu fahren, benötigt man einen internationalen Führerschein; Mopedfahren ist offiziell nicht erlaubt (und gefährlich). Internationale Mietwagenanbieter: *Avis* (*www.avis.com.vn | www.avis.de*), *VN Rent a Car* (*www.vnrentacar.com*)

● Mekong-Touren: *Mekong Eyes Cruise* (in Freiburg und Can Tho | *www.mekongeyes.com*) veranstalten Bootstouren auf einer umgebauten Reisbarke mit 30 schönen Doppelzimmern, unter deutscher Leitung. Ein guter Veranstalter ist *Sinh Balo Adventure Travel* (283/20 Pham Ngu Lao | Saigon | zwei Tage für zwei Personen ca. 140 Euro pro Person | Tel. 08 38 37 67 66 | *www.sinhbalo.com*). Ganz luxuriös reist man mit den *Pandaw-Schiffen* (*www.pandaw.com*), die zwischen Saigon/My Tho und Angkor in Kambodscha verkehren.

INTERNET

Internetzugang ist fast überall kostenlos: in Hotels und Cafés, an Flughäfen, teils sogar Busbahnhöfen und in den (Schlaf-) Bussen (*Mai Linh* und *Phuong Trang/ Futa*, sehr langsam, eine Prepaidkarte ist empfehlenswert). Für Skype gibt es landesweit Internetcafés, selbst in abgelegenen Bergregionen. Soziale Netzwerke können von der Regierung sporadisch blockiert sein; dies kann man eventuell mit einem Proxyserver umgehen (vorher erkundigen).

KLIMA & REISEZEIT

Im Süden ist es am angenehmsten von Dezember bis März mit erträglichen Temperaturen und wenig Niederschlag. Im April/Mai leitet drückende Schwüle die Regenzeit (Juni–Dez.) ein. Von Juni bis Oktober kann es zu schweren Stürmen und Überschwemmungen in Mittelvietnam und im Mekongdelta kommen. Je weiter man nach Norden kommt, desto größer werden die Schwankungen zwischen Sommer und Winter. Während die Subtropensommer ab April feuchtheiß sind, können die Temperaturen an der nördlichen Zentralküste von Dezember bis Februar deutlich unter 20 Grad absinken. Zudem trübt dann wochenlanger Nieselregen das Reisevergnügen.

ÖFFNUNGSZEITEN & EINTRITTSPREISE

Pünktliche Öffnungszeiten dürfen Sie eher nicht erwarten. Viele Sehenswürdigkeiten sind jederzeit zugänglich, bei anderen findet man auch abends noch Einlass. Wenn nichts anderes angegeben ist, ist der Eintritt frei.

POST

Luftpostsendungen nach Europa sind bis zu drei Wochen unterwegs (Porto für eine Postkarte ca. 0,50 Euro). Briefe oder Karten sollten Sie nur in den Postämtern der größeren Städte oder in gehobenen Hotels aufgeben. Abzuraten ist vom Paketversand (teuer und unzuverlässig), es sei denn, Sie wählen den Kurierdienst DHL (Schalter im Postamt Saigon).

STROM

Netzspannung meist 220 Volt. Nehmen Sie einen Universaladapter mit.

TAXI & RIKSCHA

In Hanoi und Saigon gibt es viele Taxis mit Taxameter (ca. 0,65 Euro pro Kilometer, Grundtarif ca. 0,55–0,65 Euro). In beiden Städten mehren sich leider rasant Betrügereien. Wenn der Taxameter auffällig schnell unregelmäßig rattert und der Fahrer oft hupt: anhalten, angemessene Summe zahlen und aussteigen! Am besten im Hotel ein offizielles Taxi bestellen lassen bzw. nur die bekannten Firmen anhalten. Zuverlässig sind *Vinasun (Tel. 08 38 27 27 27)* und *Vinataxi (Tel. 08 38 11 11 11)* in Saigon, *Hanoi Taxi (Tel. 04 38 53 53 53)* sowie *May Linh (Tel. 08 38 38 38 38)* in ganz Vietnam. Außerdem in Hanoi und Vietnam: *www.uber.com*. Typisch sind Cyclos, Fahrradrikschas, bei denen der Preis ausgehandelt werden muss (pro Stunde ca. 2–4,50 Euro, in Saigon/1. Bezirk und Hanoi-Altstadt ca. 9 Euro). Beliebt sind auch Mopedtaxis (Helm tragen!). In manchen Städten, wie in Can Tho, gibt es motorisierte Cyclo-Taxis (Mofa vor zweisitzigem Karren, ca. 0,50 Euro pro Kilometer). Da die wenigen öffentlichen Buslinien (nur in Saigon und Hanoi) etwas schwer zu durchschauen sind und die U-Bahn in Saigon frühestens 2020 eröffnen soll, sind die vielen Taxivarianten die Hauptfortbewegungsmittel für Touristen in Vietnam.

TELEFON & HANDY

Vorwahl Deutschland 0049, Österreich 0043, Schweiz 0041, Vietnam 0084, dann jeweils die Ortsnetzkennzahl ohne Null. In Vietnam sollten ab 2015 in 59

WETTER IN SAIGON

	Jan.	Feb.	März	April	Mai	Juni	Juli	Aug.	Sept.	Okt.	Nov.	Dez.
Tagestemperaturen in °C	32	33	34	35	33	32	31	31	31	31	31	31
Nachttemperaturen in °C	21	22	23	24	24	24	24	24	23	23	23	22
Sonnenschein Stunden/Tag	6	8	7	7	5	5	5	5	5	5	5	6
Niederschlag Tage/Monat	2	1	2	4	16	21	23	21	21	20	11	7
Wassertemperaturen in °C	24	25	26	28	28	28	28	28	28	27	27	25

☀ Sonnenschein Stunden/Tag 🌧 Niederschlag Tage/Monat ≈ Wassertemperaturen in °C

Provinzen neue Vorwahlen gelten (s. *short.travel/vie6*); dies wurde bis zum Redaktionsschluss nicht realisiert.

Auslandsgespräche vom Hotel aus kosten ca. 0,50–1 Euro. Billiger geht es mit IDD-Telefonkarten von Postämtern und einigen Telefonzellen aus (bis ca. 0,40 Euro/Min.), am billigsten in Internetläden (z. B. per Skype oder Yahoo Voice, kostenlos, aber oft noch mit schlechten Verbindungen – ggf. Webcam abschalten). Mobilnetzbetreiber sind *Viettel* und die teureren *Vinaphone* und *Mobiphone.* Mit einer deutschen SIM-Karte telefoniert man in Vietnam eher teuer. Auch bei deutschen Providern kommen Extragebühren des vietnamesischen Providers bei ankommenden Gesprächen dazu (bis zu 1 Euro/Min. zusätzlich!). Infos zu Roamingabkommen: *www.gsma. com.* Tipp: Zusätzlich eine Prepaidkarte „1718" kaufen (d. h. mit der Billigvorwahl 1718 (-0049...): ca. 2000 VND/Min. (0,70 Euro/Min.) nach Deutschland.

Wesentlich billiger ist es, sich aus Deutschland anrufen zu lassen (Festnetz und Handy): mit Billignummern *(www.billiger-telefonieren.de)* über Call by Call (mit Telekom-Festnetzanschluss) oder Call-Through-Nummern (ca. 0,20–0,30 Euro/Min.); via Skype; mit „Rubbelkarten", z. B. in Asialäden zu erhalten, telefoniert man für 5 Euro ca. 240 Min. (z. B. *www.nobelphonecard.eu*).

Mit einer vietnamesischen SIM-Karte (3–15 Euro mit ca. 6 Euro Guthaben) kann man für ca. 0,02 Euro/Min. nach Deutschland telefonieren und SMS versenden (ca. 0,01 Euro), jedoch nur mit Entsperrcode und einer neu zugeteilten Telefonnummer (oder für 10–15 Euro ein Handy in Vietnam kaufen). Da es unterschiedlich teure Telefonnummern in Vietnam gibt (z. B. teure, wie 4 00 40 04 00) sollte man beim Kauf ggf. nach einer „billigen" Telefonnummer fragen.

TRINKGELD

Trinkgeld kann man gern geben, es ist in besseren Restaurants und Hotels aber oft als *service charge* enthalten. In Garküchen wird kein Trinkgeld erwartet. In Hotels kann man pro Tag 20 000 VND (ca. 1 Euro) hinterlassen. Bei Gruppenreisen wird meist am Ende für Fahrer und Reiseführer gesammelt, pro Reisegast und Tag 140 000 VND (ca. 6 Euro) für beide.

ZEIT

Mitteleuropäische Zeit (MEZ) plus sechs Stunden, während der Sommerzeit in Europa plus fünf Stunden.

ZEITUNGEN

Mit der „Saigon Times Weekly" und den „Vietnam News" *(www.vietnamnews. com.vn)* werden zwei englischsprachige Zeitschriften verkauft. Ausländische Presse ist in Saigon und Hanoi in großen Hotels, in internationalen Buchhandlungen und in den Straßen der Stadtzentren erhältlich. Touristische Infos gibt es in „Time out Vietnam" und „The Guide".

ZOLL

Zollfrei bei der Einfuhr nach Vietnam sind 1,5 l Spirituosen oder 2 l Wein und 400 Zigaretten oder 100 Zigarren oder 500 g Tabak. Ohne zollamtliche Ausfuhrbescheinigung dürfen Antiquitäten nicht ausgeführt werden. Freimengen in die EU: 200 Zigaretten oder 50 Zigarren oder 500 g Tabak, 1 l Spirituosen mit mehr als (oder 2 l mit bis zu) 22 Vol.-% Alkoholgehalt und 4 l Wein sowie andere Waren im Wert von bis zu 430 Euro. Weitere Infos: *www.zoll.de*

SPRACHFÜHRER VIETNAMESISCH

AUSSPRACHE

Zur Erleichterung der Aussprache sind alle vietnamesischen Wörter mit einer einfachen Aussprache (in eckigen Klammern) versehen. Nachstehende Zeichen (linke Spalten) sind Sonderzeichen und werden wie folgt (rechte Spalten) ausgesprochen:

c/-ch	G/K	x	S	Tonakzente:	
đ/Đ	D	â	Ö/Ä	a	ohne Ton
d/gi-	stimmhaftes S	e	offenes	Ä	á steigend
kh-	CH	ê	E	ã	unterbrochench-
ch-	TSCH	ơ	Ö		steigend
nh-	NJ	ú	Ü/I	à	fallend
ph	F			à	fallend-steigend
tr	DS/DSCH			ạ	tief

AUF EINEN BLICK

ja (je nach Region)	có [go]; ừ [öh]; dạ [dja]
nein	không [chong]
vielleicht	có lẽ [go lä]
Bitte./Danke.	Xin [sin], Làm ơ´n [lahm ön]/Cám ơn [gahm ön]
Entschuldige(n) Sie!	Tôi xin lỗi! [teu sin leu]
Wie bitte?	Xin nhăc lại? [sin njac lai]
Ich möchte ...	Tôi muôn ... [teu mu-en]
Wie viel kostet das?	Gía bao nhiêu? [ja bau nju]
Das gefällt mir (nicht).	Tôi rât/không thích. [teu ra´/chong tik`]
gut/schlecht	tot [dok]/xâú [sau]
zu viel/viel/wenig	thât nhiêu [tak nju]/nhiêù [nju]/ít [öt]
alles/nichts	tâc cả [tak ga]/không [chong]
Hilfe!	Xin giúp tôi! [sin sjub teu]
Krankenwagen	xe cứu thươ´ng [sä guhtöong]
Verbot/verboten	câm [gam]
Gefahr/gefährlich	nguy hiêm [nji hem]
Darf ich Sie fotografieren?	Tôi đúơc phep chup anh? [teu dög feb djub an]

BEGRÜSSUNG & ABSCHIED

Gute(n) Morgen!/Tag!/Abend!/Nacht!/Hallo!	Xin chào! [sin djau]

BA. N NÓI ĐƯƠ. C TIÊ´NG VIÊ. T KHÔNG?

„Sprichst du Vietnamesisch?" Dieser Sprachführer hilft Ihnen,
die wichtigsten Wörter und Sätze auf Vietnamesisch zu sagen

Auf Wiedersehen!/ Tschüss!	Chào tạm biệt! [djau dahm bi-eh´]
Ich heiße ...	Tên tôi là ... [dönn teula]
Wie heißen Sie?	Anh/Chi tên gí? [an/chi dönn sji] (mnl./wbl.)

DATUMS- & ZEITANGABEN

Montag/Dienstag	thứ hai [tu hai]/thứ ba [tu ba]
Mittwoch/Donnerstag	thứ tư [tu du]/thứ năm [tu nahm]
Freitag/Samstag	thứ sáu [tu sau]/thứ bãy [tu bai]
Sonntag/Werktag	chũ nhât [dju nja`]/ngáy lam viêc [nai lahm jik]
Feiertag	ngáy nghí [nai nji]
heute/morgen/gestern	hôm này [hom nai]/ngáy may [nai mai]/hôm qua [hom hoa]
Stunde/Minute	giờ [sjö]/phút [fut]
Tag/Nacht/Woche	ngáy [nai]/đem [dehm]/tuân [duöng]
Wie viel Uhr ist es?	Mây giờ rôî? [mai sjö reu]
Es ist drei Uhr.	Bây giờ là ba giờ. [bäi sjö la ba sjö]
Es ist halb vier.	Bây giờ la ba mùôi. [bäi sjö la ba meu]

UNTERWEGS

offen/geschlossen	mở [maö`]/đóng [dong]
Eingang/Ausgang	lôí vào [leu wao]/lôí ra [leu ra]
Abfahrt/Abflug	khợi hánh [keu hann]
Toiletten (wbl./mnl.)	nhà vê sinh (nữ/nam) [nja we sin (nö/nahm)]
(kein) Trinkwasser	(không) nước uống [chong nök ung]
Wo ist ...?/Wo sind ...?	ở đâu vây...? [aö dau jäi]/ở đâu vây...? [aö dau jäi]
links/rechts	trái [dschei]/phải [fei]
geradeaus/zurück	thăng tới [tang teu]/lui lại [lui lei]
nah/weit	gân' [gan]/xa [sa]
Stadtplan/Landkarte	bán đồ [bahn do]
Bus/Straßenbahn/Taxi	bus [bus]/táu điên [dau dien]/tă´c-xi [taksie]
Haltestelle	tram xe bus [dscham säa` bus]
Parkplatz	nôi đồ xe [neu do säa]
Bahnhof/Hafen	nhà ga [nja ga]/bên cảng [bönn gang]
Flughafen	sận bay [sön bai]
einfach/hin und zurück	đon giãn [dön sjiang]/tôi vá lúi [teu fa lui]
Zug/Gleis	táu [dau]/đùóng rây [döng räi]
Ich möchte ... mieten.	Tôi muôń thuê... [teu mu-en tü-e]
ein Auto/ein Fahrrad	ô-tô [otoh]/xe đạp [säa dab]
Tankstelle	trạm xăng đâù [dscham sang dau]

ESSEN & TRINKEN

Reservieren Sie uns bitte für heute Abend einen Tisch für vier Per-sonen.	ông/bà làm ơ´n, cho chúng tôi một bàn bốn ngươ`i tối nay. [ong/bah lahm ön, tscho tschung teu mot´ bahn bohn n´öi teunai]
auf der Terrasse	hanh lang [hann lang]
am Fenster	cửa xổ [guso]
Die Speisekarte, bitte.	Làm ơ´n cho tôi thưc đơ´n. [lahm ön tscho teu tuk dön]
Salz/Pfeffer/Zucker	muối [meu]/tiêu [tiu]/đừởng [döng]
kalt/versalzen/nicht gar	lanh [lann]/mặn [mang]/chưa chíń [djua djin]
mit/ohne Eis	có đá [go da]/không có đá [chong go da]
mit/ohne Kohlensäure	có gas [go gas]/không có gas [chong go gas]
Vegetarier(in)/Allergie	ngừơi ăn chay [n´öi an djai]/dị ưńg [di üng]
Bezahlen, bitte.	Làm ơ´n tíńh tiền. [lahm ön, tön dien]

EINKAUFEN

Wo finde ich ...?	ở đâu có ...? [ö dau go ...]
Apotheke/Drogerie	nhà thuốc tây [nja tuok dai]/nhà thuốc tây [nja tuok dai]
Einkaufszentrum/Markt	cửa hàng [guhäng]/chợ [tschö]
Kiosk	tap hóa [tab hwa]
100 Gramm/1 Kilo	một trăm gram [modscham gramm]/một kilo [mod kilo]
teuer/billig	đắt [dak]/re´ [rea]
mehr/weniger	nhiêu [nju]/ít [it]

ÜBERNACHTEN

Ich habe ein Zimmer reserviert.	Tôi có một phòng đả đặt trưởc. [teu go mot fang da dak dschuk]
Haben Sie noch ...?	ông/bà có còn ...? [ong/bah go gon ...]
Einzelzimmer	phòng đờn [fang don]
Doppelzimmer	phòng đôi [fang deu]
Dusche/Bad	Với phòng tăm [weu fang damm]
Balkon/Terrasse	balkon/sân thửơng [sön tung]

BANKEN & GELD

Bank/Geldautomat	bank [bank] (ngân hàng) [n´nan hang]/nổi lâý tiền tự đông [neu le dien tu dong]
Ich möchte ... Euro wechseln.	Tôi muôń đôỉ ... thành tiền Euro. [teu mu-en deu ... tan dien Euro]
bar/ec-Karte/Kreditkarte	tiền mặt [dien ma`]/thẻ tín dụng [te tön sjung]/thẻ tín dụng [te tön sjung]
Wechselgeld	đôỉ tiền [deu dien]

GESUNDHEIT

Arzt/Zahnarzt/Kinderarzt	bắć sĩ [bak sie]/nha sĩ [nja sie]/bắć sĩ nhi đồng [bak sie nji dong]
Krankenhaus	bênh viên [benn wing]
Fieber/Schmerzen	sốt [sot`]/đau [dau]
Durchfall/Übelkeit	tiêu chảy [diu djai]/ói mử [eu mua]
entzündet/verletzt	lở [loa]/bị thưởng [bitöong]
Pflaster/Verband	Cứu thưởng cá nhân [guhtöong ga njang]/Cứu thưởng cá nhân [guhtöong ga njang]
Schmerzmittel/Tablette	thuốc chóng đau [tuok tschong dau]/Thuốc [tuok]

TELEKOMMUNIKATION & MEDIEN

Briefmarke/Brief	tem [demm]/thư [tö]
Postkarte	bưu thiếp [bu tip]
Wo finde ich einen Inter-netzugang?	Nởi truy câp internet? [neu dschi gap internet]
Steckdose/Adapter/La-degerät	ổ căm điện [o gam dien]/biến thế [bien te]/máy nạp điện [mai nap dien]
wählen/Verbindung/besetzt	quay số [hwai so]/nối kêt [neu göt]/máy đang bân [mai dang bang]
E-Mail-Adresse/Internet-adresse/At-Zeichen	địa chỉ điện tín [dia chi dien tön]/địa chỉ điện tín [dia chi dien tön]/a còng [ah gong]
Internet/WLAN	Internet/sóng [song]
E-Mail/Datei/ausdrucken	E-Mail/hộp chửa [hob tschöa]/in ra [inra]

FREIZEIT, SPORT & STRAND

Strand/Strandbad	bải tăm [bai tamm]/hồ bởi [ho beu]
Sonnenschirm/Liegestuhl	ô [ouh]/ghế bố [ge boh]
Ebbe/Flut/Strömung	thưy triều [tüe tschiu]/bảo lut [bao lu`]/nươc chảy [nök djai]

ZAHLEN

0	khong [chong]	10	mười [muö]
1	một [mot´]	20	hai mười [haimuö]
2	hai [hai]	70	bảy mười [beimuö]
3	ba [bah]	100	một trăm [modscham]
4	bốn [bohn]	200	hai trăm [haidscham]
5	năm [nam]	1000	một ngàn [modnjahn]
6	sáu [sau]	2000	hai ngàn [hainjahn]
7	bảy [bei]	10000	mười ngàn [muönjahn]
8	tám [dahm]	1/2	một phân hai [mot fanhai]
9	chin' [tschin]	1/4	một phân tư [mot´ fandö]

REISEATLAS

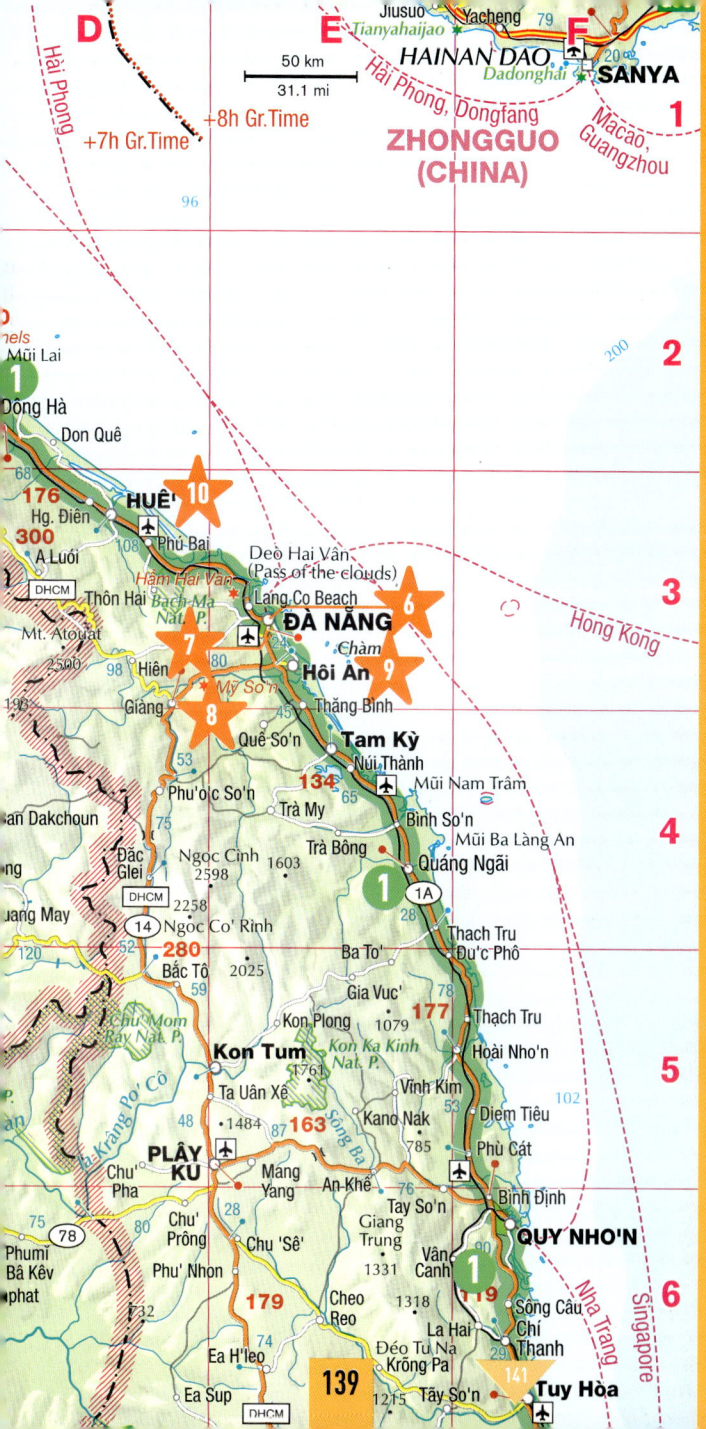

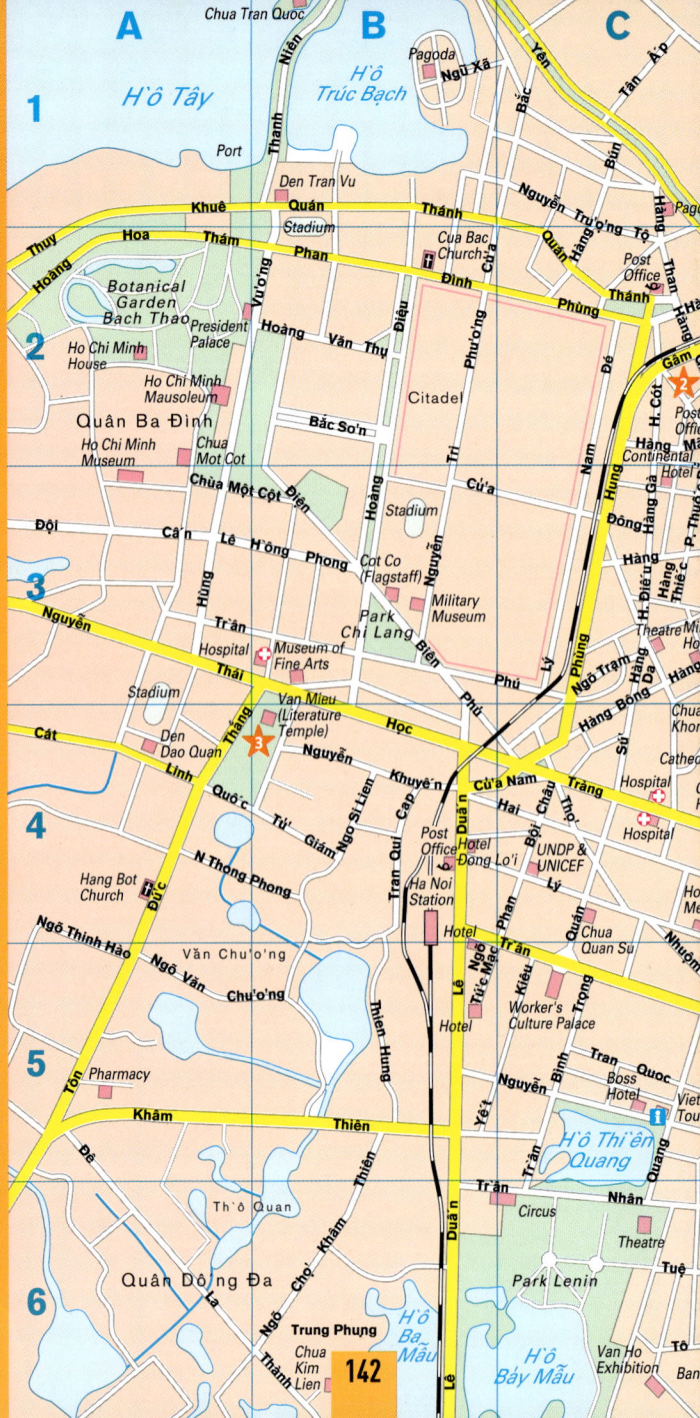

A

1 Hồ Tây
Chua Tran Quoc
Niên
Thanh
Port

B
Hồ Trúc Bạch
Pagoda
Ngũ Xã

C
Yên
Tân ấp
Bắc
Bún
Pago

Den Tran Vu
Khuê Quán Thánh
Hoa Thám
Thuy Hoang
Stadium
Phan
Vương
Cửa Bac Church
Cửa
Đình
Nguyễn Trương Tộ
Hàng
Quán Hang Thanh
Post Office
Thánh
Phùng
Hàng Hà

2
Botanical Garden
Bach Thao
President Palace
Ho Chi Minh House
Ho Chi Minh Mausoleum
Quận Ba Đình
Ho Chi Minh Museum
Chua Mot Cot
Chùa Một Cột
Hoàng
Văn Thụ
Bắc Sơn
Điện
Diệu
Citadel
Phương
Trí
Cửa
Đê
Nam
Hung
Gâm
H. Cốt
Mã
Post Offic
Continental Hotel
P. Thuộc R A
H. Điều
Đông

3
Đội
Cần
Lê Hồng Phong
Hưng
Trần Thái
Hospital
Museum of Fine Arts
Nguyễn
Hoàng
Stadium
Cot Co (Flagstaff)
Park Chi Lang
Military Museum
Phú
Biên
Lý
Phùng
Ngô Trạm
Hàng Bông
Hàng Gà
Hàng Đa
Hàng Hang
Theatre Min Hor
Chua Khon
Cathed
Nguyễn
Cát
Linh
Thăng
Đức
Den Dao Quan
Van Mieu (Literature Temple)
Nguyễn
Học
Khuyên
Quốc Tử Giám
Ngo Si Lien
Cap
Đuạn
Cửa Nam
Hai
Bà Triều
Thọ
Trăng
Hospital
C H

4
Hang Bot Church
Ngô Thinh Hào
N Thong Phong
Tràn Qui
Post Office
Hotel Dong Lơi
Ha Noi Station
Hotel
UNDP & UNICEF
Lý
Hor Me
Nhuộm
Ngô Văn
Văn Chương
Chương
Thien Hung
Hotel
Ngô Túc Mặc
Lê
Trần
Phan
Chua Quan Su
Worker's Culture Palace

5
Tôn Pharmacy
Đê
Khâm
Thiên
Thiên
Nguyễn
Bình
Trọng
Tran
Quoc
Boss Hotel
Yết Kiêu
Trần
Hồ Thiền Quang
Viet Tou

6
Quận Đông Đa
La
Thổ Quan
Ngô Chợ Khâm
Thành Công
Trung Phụng
Chua Kim Lien
Lê
Duận
Hồ Ba Mẫu
Trần
Circus
Park Lenin
Nhàn
Theatre
Tuệ
Hồ Bảy Mẫu
Van Ho Exhibition
Tô
Ban

142

D   **E**   **F**

1

Biên

Long

Cầu

Bus
Station

Huyện Gia Lâm

Ái Mộ

Nguyễn Văn Cừ

2

Nhật

Phúc

oai L.

Xuan

Boutique

Chiê'u

Nguyễn Siêu

Dịch

Nguyễn

Ma May

Cầu

Chương

Dương

Phú Viên

Chua Bach Ma

Hàng

Bu'ôm

Röhrenhaus

ang H.Đao

Hàng

Gia Ngu'

Hữu

Bạch

Tân

Tân

Bắc

Huấn

H. Thừng

3

Cầu

Gỗ

Đình

Đen
Ngoc Son

Water
Puppetry
Theatre

Quân Hoàn Kiê'm

Port

Sông

Hồng

Hồ
Hoàn
Kiê'm

Tiên

Trân Nguyễn Hân

Culture
House

Quang

Tông

Bank

Park I.
Gandhi

Hoàng

Quý Tân

4

hua

Da

Thái

Tổ

National
Bank

General
Post Office

Hàng

Hotel
Sofitel
Metropole

Khai

Đạn

Museum of
Revolution

Thi

Khay

Tràng

Tiên

Le Bon
Café

Historical
Museum

T리ệu

Bà

Bái

Opera

Phạm

Museum of
Women

Tru'ng

Lê

Geological
Museum

Trân

o'ng

Vietnam
Tourism

Thánh

Ngu Lao

Police

Cư Kiệt

5

Hu'ng

Đạng

Hàng

Ngô

Phan

Đạo

Restaurant
AuLac House

Tôn

Trân

Lờ

Hàng

Hospital

Khánh

st

Youth
Theatre

Thánh

ce

Theatre

Mã

Chuoi

Hữu Nghị
Hospital

nh

Hoà
Pharmacy

Công

Trú

Tổng

Ha Noi

6

Service

Nguyễn

Đức

Dứ

500 m

Hue

Quân Hai Bà Tru'ng

Den Hai
Ba Trung

143

547 yd

Autobahn, mehrspurige Straße - in Bau Highway, multilane divided road - under construction		Autoroute, route à plusieurs voies - en construction Autosnelweg, weg met meer rijstroken - in aanleg
Fernverkehrsstraße - in Bau Trunk road - under construction		Route à grande circulation - en construction Weg voor interlokaal verkeer - in aanleg
Hauptstraße Principal highway		Route principale Hoofdweg
Nebenstraße Secondary road		Route secondaire Overige verharde wegen
Fahrweg, Piste Practicable road, track		Chemin carrossable, piste Weg, piste
Straßennummerierung Road numbering	E20 11 70 26 5 40 9	Numérotage des routes Wegnummering
Entfernungen in Kilometer Distances in kilometers	259 130 129	Distances en kilomètres Afstand in kilometers
Höhe in Meter - Pass Height in meters - Pass	1365 •	Altitude en mètres - Col Hoogte in meters - Pas
Eisenbahn - Eisenbahnfähre Railway - Railway ferry		Chemin de fer - Ferry-boat Spoorweg - Spoorport
Autofähre - Schifffahrtslinie Car ferry - Shipping route		Bac autos - Ligne maritime Autoveer - Scheepvaartlijn
Wichtiger internationaler Flughafen - Flughafen Major international airport - Airport	✈ ✈	Aéroport importante international - Aéroport Belangrijke internationale luchthaven - Luchthaven
Internationale Grenze - Provinzgrenze International boundary - Province boundary		Frontière internationale - Limite de Province Internationale grens - Provinciale grens
Unbestimmte Grenze Undefined boundary		Frontière d'Etat non définie Rijksgrens onbepaalt
Zeitzonengrenze Time zone boundary	-4h Greenwich Time -3h Greenwich Time	Limite de fuseau horaire Tijdzone-grens
Hauptstadt eines souveränen Staates National capital	**MANILA**	Capitale nationale Hoofdstad van een soevereine staat
Hauptstadt eines Bundesstaates Federal capital	**Kuching**	Capitale d'un état fédéral Hoofdstad van een deelstat
Sperrgebiet Restricted area		Zone interdite Verboden gebied
Nationalpark National park		Parc national Nationaal park
Antikes Baudenkmal Ancient monument	∴	Monument antiques Antiek monument
Sehenswertes Kulturdenkmal Interesting cultural monument	*Angkor Wat* ★	Monument culturel interéssant Bezienswaardig cultuurmonument
Sehenswertes Naturdenkmal Interesting natural monument	*Ha Long Bay* ★	Monument naturel interéssant Bezienswaardig natuurmonument
Brunnen Well		Puits Bron
MARCO POLO Erlebnistour 1 MARCO POLO Discovery Tour 1		MARCO POLO Tour d'aventure 1 MARCO POLO Avontuurlijke Routes 1
MARCO POLO Erlebnistouren MARCO POLO Discovery Tours		MARCO POLO Tours d'aventure MARCO POLO Avontuurlijke Routes
MARCO POLO Highlight	★	MARCO POLO Highlight

FÜR IHRE NÄCHSTE REISE ...

ALLE **MARCO POLO** REISEFÜHRER

Viele MARCO POLO Reiseführer gibt es auch als eBook – und es kommen ständig neue dazu!
Checken Sie das aktuelle Angebot einfach auf: www.marcopolo.de/e-books

REGISTER

Im Register sind alle in diesem Reiseführer erwähnten Orte, Strände, Nationalparks und Ausflugsziele verzeichnet. Gefettete Seitenzahlen verweisen auf den Haupteintrag.

SCHREIBEN SIE UNS!

Egal, was Ihnen Tolles im Urlaub begegnet oder Ihnen auf der Seele brennt, lassen Sie es uns wissen! Ob Lob, Kritik oder Ihr ganz persönlicher Tipp – die MARCO POLO Redaktion freut sich auf Ihre Infos.

Wir setzen alles dran, Ihnen möglichst aktuelle Informationen mit auf die Reise zu geben. Dennoch schleichen sich manchmal Fehler ein – trotz gründlicher Recherche unserer Autoren/innen. Sie haben sicherlich Verständnis, dass der Verlag dafür keine Haftung übernehmen kann.

MARCO POLO Redaktion
MAIRDUMONT
Postfach 31 51
73751 Ostfildern
info@marcopolo.de

IMPRESSUM
Titelbild: Halong Bucht (Look: Per-Andre Hoffmann)
Fotos: DuMont Bildarchiv: Krause (34, 75, 81, 119, 120/121, 123); Getty Images/Robert Harding World Imagery: Francis (113); huber-images: T. Draper (41), P. Giocoso (4 u.), Gräfenhain (4 o., 37, 82, 92), R. Taylor (5, 22); huber-images/Picture Finders (25); F. Ihlow (29, 42); © iStockphoto/redmonkey8 (18 o.); Laif: M. Sasse (2, 89, 91, 97), I. Sciacca (19 u.); Laif/Aurora: B. Wald (7); Look: Per-Andre Hoffmann (1 o.); MAI GALLERY: Anh Tuan Nguyen (19 o.); mauritius images: Kugler (61); mauritius images/age (38); mauritius images/Alamy (3, 6, 12/13, 18 u., 58, 65, 67, 70, 110); mauritius images/imagebroker: J. Beck (69), B. Bieder (102/103), G. Zwerger-Schoner (50); mauritius images/robertharding (54/55); M. Miethig (1 u.); Minh Hanh: Hai Dong (18 M.); D. Renckhoff (118); T. Stankiewicz (8, 63); M. Weigt (Klappe l., 9, 10, 11, 14/15, 17, 20/21, 26/27, 28 l., 28 r., 30, 30/31, 31, 32/33, 44, 46, 49, 53, 56, 60, 66, 72, 76/77, 78, 83, 85, 86, 94, 108, 114/115, 116/117, 118/119, 120, 121, 122 o., 122 u., 134/135); White Star: Schiefer (Klappe r., 101)

12. Auflage 2016
Komplett überarbeitet und neu gestaltet
© MAIRDUMONT GmbH & Co. KG, Ostfildern
Chefredaktion: Marion Zorn
Autor: Wolfgang Veit; Bearbeiterin: Martina Miethig; Redaktion: Corinna Walkenhorst
Verlagsredaktion: Susanne Heimburger, Tamara Hub, Nikolai Michaelis, Kristin Schimpf, Martin Silbermann
Bildredaktion: Gabriele Forst
Im Trend: Martina Miethig; wunder media, München
Kartografie Reiseatlas: © MAIRDUMONT, Ostfildern; Kartografie Faltkarte: © MAIRDUMONT, Ostfildern
Gestaltung Cover, S. 1, S. 2/3, Faltkartencover: Karl Anders – Büro für Visual Stories, Hamburg; Gestaltung innen: milchhof:atelier, Berlin; Gestaltung Erlebnistouren: Susan Chaaban Dipl.-Des. (FH)
Sprachführer: Martina Miethig und Mai Van Danh

MIX
Paper from responsible sources
FSC® C011918
www.fsc.org

BLOSS NICHT ☞

Ein paar Dinge, die Sie in Vietnam beachten sollten

ZUM TET-FEST VERREISEN

Zum Tet-Fest, dem vietnamesischen Neujahr, sind ganz Vietnam und Millionen Auslandsvietnamesen auf Reisen. Dann sind Tickets kaum zu bekommen und bis zu 50 Prozent teurer, Zimmerpreise können sich verdoppeln, Service und Tourangebot sind eine Woche lang lahmgelegt, viele Sehenswürdigkeiten, Restaurants und Läden geschlossen.

BARGELD SPENDEN

Auch wenn Sie Mitleid haben: Spenden Sie an der Straße kein Geld. Es gibt im Land Tausende professionelle Bettler, die von skrupellosen Geschäftemachern ausgebeutet werden. Spenden Sie Ihr Geld lieber einem der karitativen Vereine, die sich um Straßenkinder und Behinderte kümmern, wie etwa der *Kinderhilfe Hyvong (www.kinderhilfe-hyvong.de)* in Berlin, *Saigon Children (www.saigonchildren.com)*, *Reaching Out (www.reachingoutvietnam.com)* in Hoi An oder der *Hoa Sua School (www.hoasuaschool.com)* in Sa Pa. Weitere Informationen finden Sie bei *Terre des Hommes (www.tdh.de)*.

OHNE HELM AUFS MOTORRAD STEIGEN

In Vietnam gilt Helmpflicht. Wer eine Motorradtour plant oder oft mit dem Mopedtaxi fahren will, sollte sich am besten sogar einen guten (Integral-) Helm von zu Hause mitbringen, denn das Land hat eine der weltweit höchsten Todesraten im Straßenverkehr. Die vietnamesischen Helme sind eher modische Accessoires, gestaltet als Militärhelm oder mit „Hello Kitty"-Design.

ZU VIEL BEZAHLEN

Weisen Sie beim Bezahlen im Taxi oder Cyclo, an der Kasse der Zitadelle in Hue oder beim Obstkauf an der Straße auf den Wert des Geldscheins hin – sonst passiert es häufig, dass reklamiert wird, die Verkäuferin oder der Verkäufer hätte statt eines 100 000-Dong-Scheins nur einen 10 000-Dong-Schein erhalten. Sehen Sie sich ebenso aufmerksam das Wechselgeld an.

NATIONALPARKS AM WOCHENENDE BESUCHEN

In den Nationalparks darf man am Wochenende nicht unbedingt Abgeschiedenheit mit Vogelzwitschern erwarten. Die Pfade und Unterkünfte sind dann oft überfüllt mit Vietnamesen in Truppenstärke samt lauter Musik und größerem Biervorrat. Also gilt: Nicht am Wochenende oder feiertags hier übernachten, wenn es sich einrichten lässt.

MÖNCHE BERÜHREN

Vor allem orthodoxe Buddhisten nehmen es mit der Vorschrift genau, dass keine Frau sie berühren darf. Passiert dies doch, muss sich der Betroffene zeitaufwendigen Reinigungsriten unterwerfen. Wer einem Mönch ein Geschenk überreichen möchte, tue dies am besten z. B. über den Reiseleiter. Auch warte man bei der Begrüßung ab: Reicht der Mönch Ihnen nicht selbst die Hand, werden Sie auf keinen Fall aktiv.